Les Arts de l'Ameublement

LES BRONZES D'ART

et d'Ameublement

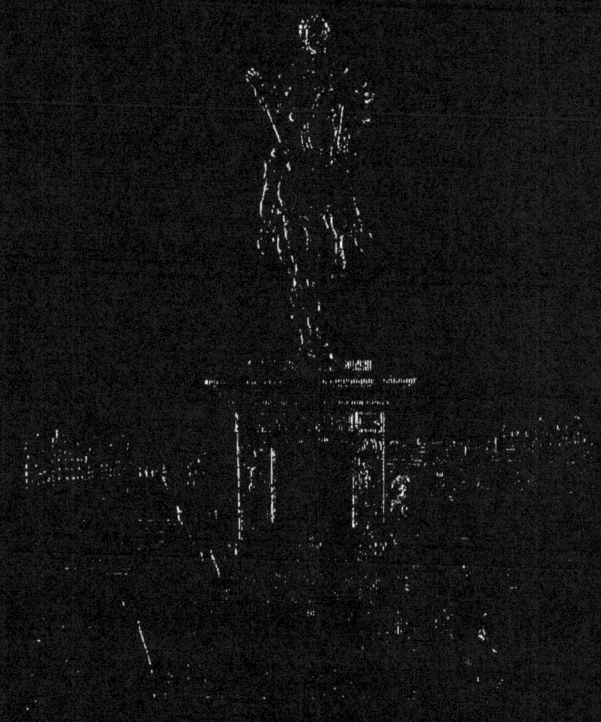

PARIS

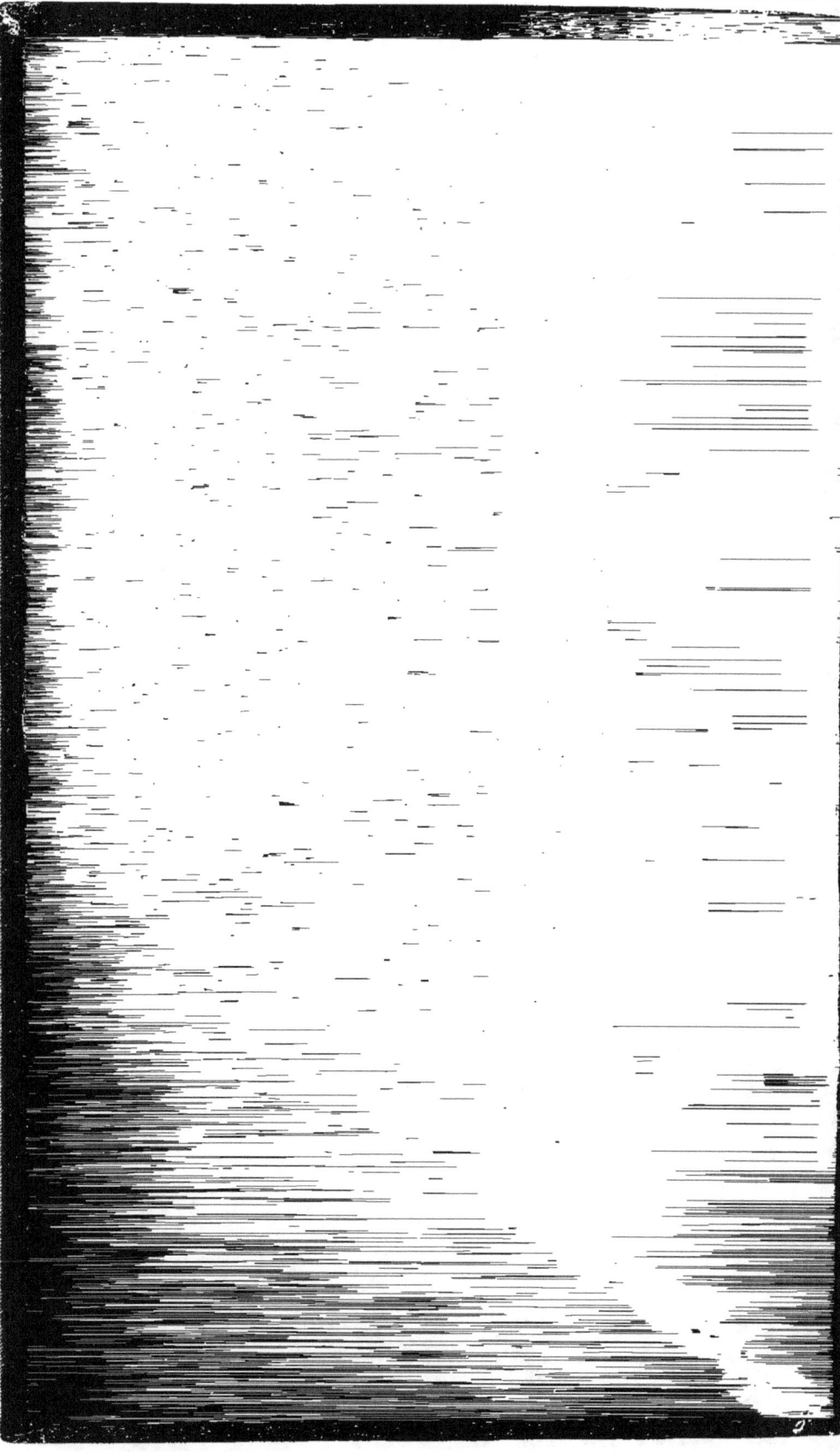

LES BRONZES D'ART

ET D'AMEUBLEMENT

OUVRAGE PUBLIÉ SOUS LE HAUT PATRONAGE
DE L'ADMINISTRATION DES BEAUX-ARTS
COURONNÉ PAR L'INSTITUT (Prix Bordin)
ET HONORÉ DES SOUSCRIPTIONS
DU MINISTÈRE DE L'INSTRUCTION PUBLIQUE,
DE LA VILLE DE PARIS, DES CHAMBRES DE COMMERCE
DE PARIS, LYON, MARSEILLE, ETC.

———

Il a été imprimé 100 exemplaires de cet ouvrage sur japon des manufactures impériales, numérotés et signés.

LES BRONZES D'ART

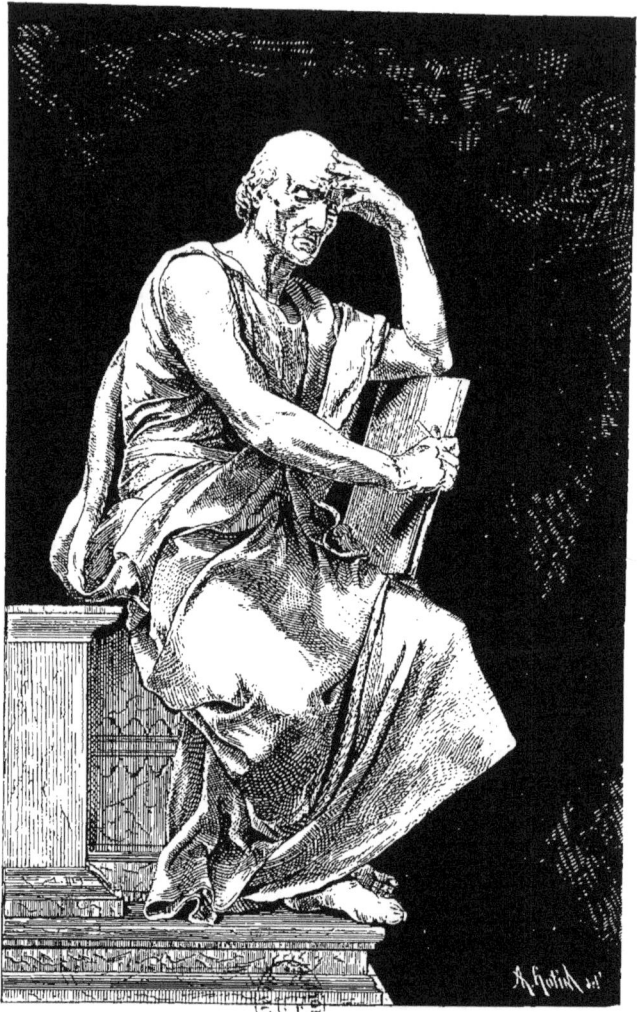

Fig. 1. — La Méditation religieuse.
Statue en bronze, exécutée par Paul Dubois,
pour le tombeau du général de Lamoricière à Nantes.

LES ARTS DE L'AMEUBLEMENT

LES

BRONZES D'ART
ET D'AMEUBLEMENT

PAR

HENRY HAVARD

Inspecteur général des Beaux-Arts
Membre du Conseil supérieur

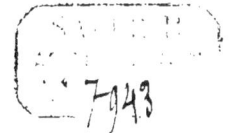

QUATRE-VINGTS ILLUSTRATIONS PAR A. HOTIN

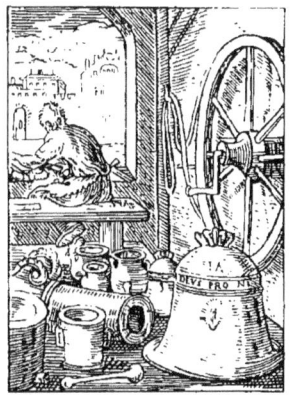

PARIS

LIBRAIRIE CHARLES DELAGRAVE

15, RUE SOUFFLOT, 15

Tous droits réservés

LES BRONZES D'ART

ET D'AMEUBLEMENT

PREMIÈRE PARTIE

LA FABRICATION

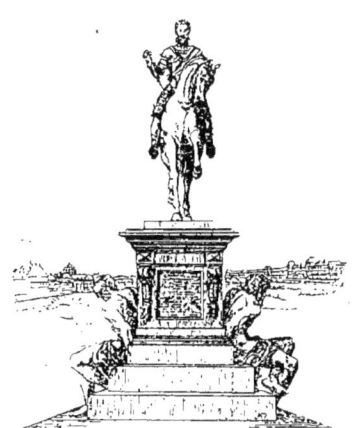

I

MÉTALLURGIE DU BRONZE

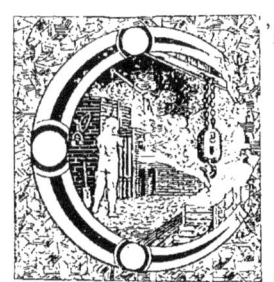'EST une des particularités, et non des moins curieuses, de la Métallurgie, que la plupart des métaux mis en œuvre par l'homme ne peuvent être utilement employés tels que la nature nous les livre, c'est-à-dire à l'état de minerais, ou même à l'état pur. Pour qu'ils acquièrent toutes les qualités dont ils sont susceptibles, il faut, en effet, les allier dans des proportions variables avec d'autres métaux. Cette particularité explique les difficultés singulières que les hommes des époques primitives eurent à surmonter pour se rendre les métaux vraiment utiles. Elle explique aussi le long temps qu'il leur fallut pour arriver à combiner ces mélanges et pour obtenir, grâce à eux, une force de résistance suffisante pour répondre à des exigences précises,

et une facilité de travail permettant d'obtenir, sans de trop grands frais, les objets qu'on prétendait fabriquer en métal.

En un temps, en effet, où la chimie n'existait pas, — même à l'état embryonnaire, — ces mélanges, ces alliages (pour leur restituer leur nom) résultèrent uniquement du hasard, d'événements fortuits, d'accidents tout à fait imprévus qui, pour être pratiquement recommencés, exigèrent une dose extraordinaire d'observation, des expériences répétées, des tâtonnements sans nombre.

Entre tous ces métaux de la première heure, le cuivre fut peut-être le seul qui put rendre de nombreux services, sans être soumis à des traitements relativement savants et compliqués : « Le cuivre primitif, qui subsiste encore en masses métalliques, écrit Buffon, s'est offert le premier à la recherche des hommes ; et comme ce métal est moins difficile à fondre que le fer, il a été employé longtemps auparavant pour fabriquer les armes et les instruments d'agriculture. Nos premiers pères ont donc usé, consommé les premiers cuivres de l'ancienne nature : c'est, ce me semble, pour cette raison que nous ne trouvons presque plus de cuivre primitif dans notre Europe non plus qu'en Asie ; il a été consommé par l'usage qu'en ont fait les habitants de ces deux parties du monde, très anciennement peuplées et policées[1]. »

Grâce à cette particularité, le cuivre fut donc à peu près l'unique métal employé par nos lointains ancêtres, pour les besoins habituels de la vie. De là naquit l'estime reconnaissante que les premières sociétés professèrent à son égard. Pendant bien des siècles, en effet, il fut préféré à l'argent et à l'or et mis au-dessus d'eux, parce que le défaut de résistance de ces derniers empêchait que, pour une foule d'usages, on ne les utilisât à l'état également pur.

C'est, au surplus, ce que constate Lucrèce, dans son ad-

---

1. *Hist. naturelle*, art. Cuivre.

mirable poème si plein de révélations précieuses[1] : « Les hommes, écrit-il, eussent voulu réaliser avec l'argent et l'or ce qu'ils avaient obtenu des forces puissantes du cuivre résistant. Cela leur fut impossible, parce que la consistance de ces métaux cédait, vaincue, et qu'ils ne pouvaient supporter également un dur travail. Aussi le cuivre fut-il estimé à un prix plus élevé, et l'or déprécié à cause de son inutilité. » A l'appui du dire de Lucrèce, on peut citer, du reste, divers passages de l'*Iliade* où l'on trouve le cuivre encore assez haut prisé, pour être placé sur le même rang que l'or, et constituer une des principales richesses. Mais peu à peu la valeur du cuivre alla s'amoindrissant. Celle de l'or, au contraire, augmenta de jour en jour. « Maintenant, continue Lucrèce, c'est le cuivre qui est dédaigné, et l'or est parvenu au comble de l'honneur ; ainsi le temps, dans ses révolutions, change les conditions des choses ; ce qui fut d'un grand prix finit par n'être plus estimé. »

Ce que le poète ne dit pas, c'est qu'entre temps l'industrie humaine avait découvert les alliages de l'or avec l'argent, et de ce dernier avec le cuivre : alliages qui ont permis de leur donner la force, la dureté, la résistance qui leur manquaient, sans atténuer leur ductilité et leur fusibilité d'une façon sérieuse. C'est grâce à eux, en effet, que les admirables qualités de ces métaux, précieux entre tous, ont pu être utilisées, développées même et mises à la portée de l'homme. Il est vrai que, pendant ce temps, la métallurgie n'était pas demeurée ingrate à l'égard du cuivre. Elle avait également découvert ces mélanges avec l'étain d'abord, puis avec la calamine, c'est-à-dire avec le zinc, et avec le plomb, qui, sous le nom d'airain d'abord, de bronze et de laiton ensuite, allaient conquérir dans le monde une réputation universelle[2].

---

1. *De natura rerum*, V, 1267 et suiv.
2. Une récente communication de M. Berthelot à l'Académie des Sciences, nous apprend qu'avant la découverte de ces alliages consti-

Remarque curieuse, le dosage de ces divers métaux fut, dès les temps les plus anciens, établi avec une régularité assez grande pour que les bronzes provenant de pays souvent fort éloignés offrent des proportions d'alliages à peu près identiques. « Les ressources dont dispose la chimie, écrit M. Eugène Guillaume, ont permis d'étudier les bronzes de toutes les provenances et de toutes les époques. Dans les bronzes antiques, dans ceux qu'à raison de leur beauté comme œuvres d'art, on peut rattacher avec quelque certitude au temps où la sculpture a été portée à sa perfection, l'étain se trouve seul associé au cuivre. Ainsi, dans les ouvrages grecs, on a trouvé une proportion d'étain qui peut être estimée en moyenne à 14 pour 100 dans les statues, et à 10 pour 100 quand il s'agit des ustensiles. C'est aussi, à peu de chose près, la composition des bronzes égyptiens, qui donnent 85,85 de cuivre pour 14,15 d'étain. Et les personnes qui, chaque jour, dans nos musées, ont l'occasion d'admirer la belle coloration des armes et des bijoux gaulois, ne peuvent ignorer que (sauf quelques traces de fer et de plomb) le métal qui les compose a des bases identiques[1]. »

Cette conformité paraîtrait plus surprenante encore si l'on ne savait que, parmi les riverains de la Méditerranée, il existait alors un certain nombre de peuples s'adonnant à la métallurgie, et qui, à Chypre notamment, à Délos, et dans l'île de Samothrace, ne se contentaient pas d'exploiter leurs mines de cuivre, mais fabriquaient pour l'exportation cet « airain brillant et sonore » dont l'Antiquité faisait un si grand cas.

Indépendamment de ces bronzes exclusivement compo-

---

tutifs du bronze et du laiton, les Égyptiens, métallurgistes fort habiles, avaient trouvé un procédé assez simple pour durcir le cuivre, en ajoutant à ce métal des doses infinitésimales d'arsenic.

[1]. *La Sculpture en bronze : conférence faite à l'Union centrale des Beaux-Arts appliqués à l'Industrie*, p. 8.

sés d'un alliage de cuivre et d'étain, il en existait d'autres formés d'un mélange de cuivre et de zinc. Celui-ci était parfois en très petite proportion, 5 pour 100 au plus. Mais plus souvent le zinc entrait pour une participation sensiblement plus forte, et alors l'alliage devenait analogue à notre laiton. Ce fut même, croit-on, ce dernier métal qu'on désigna jadis sous le nom pompeux et demeuré mal compris d'orichalque[1].

Quant au nom plus moderne de laiton, les étymologistes prétendent le faire dériver du latin *luteum,* qui veut dire jaune, tandis que le substantif bronze viendrait de *brunus* (c'est-à-dire brun), qui, prononcé par les anciens *brounous,* serait devenu *brouns* par la suppression de l'*u* final. Enfin M. Rossignol, dans le livre très savant qu'il a consacré aux *Métaux dans l'Antiquité,* voulant compléter cette étymologie par un ingénieux rapprochement de mots, écrit, en parlant des Romains du Bas-Empire : « Ils ont dû dire plus justement encore *brunum æs* (de l'airain brun), et ensuite, les cas et les genres se perdant, *brunus æs,* qui, prononcé *brounsés,* touche à bronze[2]. » Peut-être est-ce le cas de se souvenir que les étymologies trop savantes sont rarement exactes.

Le bronze moderne diffère quelque peu, comme composition, de l'airain antique. M. Guillaume se plaint que Benvenuto Cellini, dans ses *Mémoires,* nous ait si mal renseignés sur la qualité et la composition du bronze employé par lui. Cette négligence s'explique par ce fait, que de son temps la constitution des alliages du cuivre était encore empirique, bien que celle des alliages d'or et d'argent fût très exactement réglée. S'il fallait une preuve de la négligence que, même un siècle après Benvenuto, on apportait à définir le dosage du bronze destiné aux ouvrages les plus considérables, nous citerions ce qui eut lieu pour la

---

[1]. Rossignol, les *Métaux dans l'Antiquité,* p. 244.
[2]. *Ibid.,* p. 291.

statue colossale de Louis XIV fondue par B. Keller, sur le modèle de Girardon. Cette fonte n'absorba pas moins de 83,752 livres de métal, se décomposant comme suit[1] :

15.714 livres en	lingots provenant d'une première fonte.	
6.188	—	culasses de vieux canons.
4.860	—	lingots comprenant 2/3 cuivre rouge, 1/3 laiton.
45.129	—	— — 1/2 cuivre rouge, 1/2 laiton.
3.539	—	lingots cuivre rouge.
3.500	—	— — jaune.
2.820	—	— provenant de la statue de Sextus Marius.
2.002	—	étain d'Angleterre.
83.752[1]		

Il est assez difficile de découvrir dans cette énumération une formule précise, et telle que l'érudition moderne les exige. J'ajouterai que, sous ce rapport, Savary de Bruslons est tout aussi vaguement renseigné que Diderot, à qui nous empruntons ces chiffres. Il se borne à dire[2] que le bronze des statues se compose de 2/3 de cuivre rouge et 1/3 de cuivre jaune, sans nous donner exactement la composition de ce qu'il entend par cuivre jaune, et sans même que nous trouvions, au mot *laiton*, des détails bien exacts sur la quantité de zinc entrant dans cet alliage[3].

Des analyses d'une précision un peu plus mathématique

---

1. Diderot, *Encyclopédie*, à BRONZE.
2. Savary des Bruslons, *Dictionnaire de commerce*, à BRONZE.
3. Il est même à noter qu'à cette époque la fabrication du laiton était inconnue en France. C'est seulement en 1764 que la théorie de cette fabrication fut expliquée dans un livre fort bien fait et superbement illustré, intitulé *l'Art de convertir le cuivre rouge ou cuivre de rosette en laiton ou cuivre jaune*, par M. Galon, colonel d'infanterie. J'ajouterai que cette révélation ne porta pas de fruits immédiats, car on lit dans le deuxième volume des *Annales de l'industrie*, — consacré à l'Exposition de 1819 (p. 211) : « Personne n'ignore qu'il n'existait en France, avant 1810, aucun établissement pour la fabrication du *laiton*. Une dépendance absolue de l'étranger était la conséquence de cet état de choses, et, depuis des siècles, un immense numéraire allait lui payer annuellement un tribut considérable, pour nos besoins de ce genre. »

ont permis de connaître la composition des bronzes si justement célèbres des frères Keller. Leurs statues, qui, à Versailles, ont pris, sous l'action du temps, une si belle patine, sont formées de

    Cuivre 91.60
    Zinc 5.33
    Étain 1.70
    Plomb 1.37
        ——
       100 »

La statue de Henri IV, œuvre de Dupré, détruite à la Révolution, était coulée en un bronze composé de :

    Cuivre 87.80
    Zinc 6.52
    Étain 5.10
    Plomb 0.58
        ——
       100 »

Enfin la formule du bronze employé par la maison Barbedienne, formule qui me fut communiquée par M. Barbedienne lui-même lorsque j'écrivais mon livre l'*Art dans la maison*, s'établissait, à cette époque, de la façon suivante :

    Cuivre..... 93
    Étain 6
    Zinc 1
        ——
       100

Cette dernière formule, toutefois, n'avait rien d'absolument fixe. Elle subissait des atténuations suivant la destination des œuvres, et la coloration qu'on prétendait donner au métal. Néanmoins il résulte de la comparaison de ces divers alliages que la composition du bronze, dans tous les pays et à toutes les époques, n'a pas varié d'une façon aussi grande qu'on serait tenté de le supposer au premier abord.

II

MISE EN ŒUVRE DU BRONZE. — PROCÉDÉS DIVERS. — LA PRISE DANS LA MASSE. — LE REPOUSSÉ. — L'ÉTAMPAGE. — LA FONTE.

On compte quatre manières de travailler le bronze : la prise dans la masse, le repoussé, l'étampage, la fonte.

La PRISE DANS LA MASSE n'offre rien de très particulier. On opère comme pour l'argent, le fer[1] ou tout autre métal. On choisit un lingot de taille convenable et de forme appropriée, on le dégrossit au ciseau ou au tour ; puis, quand la forme est assez *approchée,* on le taille et on le sculpte à l'aide d'outils tranchants, tels que l'échoppe, le ciseau, le burin, et on l'achève avec des limes douces, des riflards, le reprenant au ciselet pour lui donner les dernières finesses. Ce procédé n'est, du reste, que très rarement usité. La main-d'œuvre en est longue, délicate et coûteuse. Elle ne peut guère s'appliquer qu'à la confection de menues pièces, et dès lors la valeur intrinsèque du métal est si peu importante, relativement à la dépense de temps et d'habileté, que pour l'exécution de ces petits ouvrages on est fatalement amené à donner à l'or ou à l'argent une préférence qu'ils justifient.

Au XVe et au XVIe siècle, cependant, on a fabriqué, en employant un procédé voisin, c'est-à-dire à l'aide du tour, un grand nombre d'objets et d'ustensiles de ménage, tels que chandeliers, pieds de lampe, pommes de chenets, etc. On commençait par fondre un lingot de forme et de dimensions correspondant à celles de l'objet qu'on voulait

---

[1]. Voir nos traités de l'*Orfèvrerie* et de la *Serrurerie.*

confectionner, puis, à l'aide du tour armé de ciseaux très tranchants, on détachait en copeaux les parties inutiles, et l'on donnait à la forme tous les détails de profils, moulures, etc., qu'on jugeait convenables.

Cette façon de faire était appréciée pour deux raisons. Elle permettait d'exécuter, sans qu'il fût nécessaire de recourir au montage, des objets usuels d'un seul morceau, et par conséquent plus solides. En outre, le travail du tour resserre les molécules du métal, et, rendant son épiderme plus dense et plus ferme, fait qu'il s'use moins au service journalier. Aujourd'hui le tour, encore employé pour la fabrication de quelques ustensiles de ménage, en cuivre ou en laiton, n'est que très rarement usité pour le bronze.

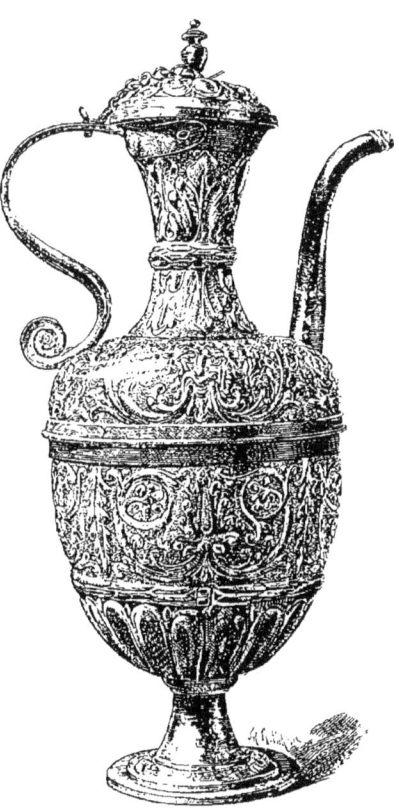

Fig. 5. — Aiguière en bronze repoussé (XVIe siècle).

Le REPOUSSÉ s'exécute au marteau, et n'a jamais cessé d'être un travail courant, parce qu'il répond à des besoins spéciaux, à des applications particulières. Il permet, en effet, de confectionner, avec une très mince épaisseur, une quantité d'objets d'ameublement tels que bassins, chaudrons, plateaux, bouilloires, aiguières, qu'on obtiendrait difficilement à la fonte, et qui, par cet autre procédé, seraient d'un poids beaucoup plus considérable, par conséquent moins maniables et plus dispendieux. En outre, le travail du marteau, nous l'avons expliqué autre part[1], corroie le métal, augmente sa résistance, lui donne une sorte de trempe et le durcit au point qu'au cours de l'exécution, on est obligé de lui faire subir de temps en temps une chauffe, pour le rendre de nouveau ductile. C'est surtout la vaisselle de table et les ustensiles de cuisine que l'on exécute au repoussé. Argentée par la galvanoplastie, la vaisselle de table est devenue, depuis un demi-siècle, l'objet d'un commerce considérable; aussi a-t-on recours, pour sa fabrication, aux procédés mécaniques rapides et par conséquent peu coûteux. On les trouvera décrits dans notre manuel de l'*Orfèvrerie*[2].

Ces procédés économiques sont également employés pour les ouvrages dits de chaudronnerie. Lorsque le fabricant se propose de donner simplement à sa feuille de métal une forme convexe à l'extérieur, concave à l'intérieur, comme celle d'un chaudron ou d'un bassin, son travail, qui prend le nom d'*emboutissage*, peut être exécuté à l'aide de *mandrins* ou du *mouton*. S'il veut orner son ouvrage de reliefs, il peut recourir au balancier. Enfin, grâce au tour, il peut non seulement imprimer à sa feuille une concavité profonde, comme celle d'une bouilloire, mais encore, en recourant à la *rétreinte*, il surmontera cette concavité d'un goulot plus ou moins étroit[2]. On voit qu'au point de vue de l'utilité, il y a de nombreuses raisons pour que le travail au repoussé ne soit pas abandonné.

Au point de vue de l'art, il n'en va pas tout à fait de même. Si, à l'aide du marteau, il est possible de couvrir les objets d'usage dont nous venons de parler, d'ornements

---

1. Voir l'*Orfèvrerie*, p. 60 et suiv.
2. Voir, pour l'explication de ces différentes sortes de travaux, l'*Orfèvrerie*, p. 29 et suiv.

d'une finesse et d'une élégance indiscutables, par contre on a peu d'exemples d'œuvres d'un caractère d'art élevé qui soient exécutées par ce procédé. Jadis il n'en était pas ainsi. Sans remonter jusqu'au colosse de Rhodes, lequel, d'après les récits les plus véridiques, aurait consisté en un gigantesque ouvrage de chaudronnerie, nous verrons, quand nous aborderons l'histoire du bronze, qu'un grand nombre de sépultures, au Moyen Age, furent recouvertes de « gisants » ou statues couchées, façonnées au repoussé. C'est ce qu'on appelait alors l'*æs ductile,* « le bronze ductile », par opposition à l'*æs fusibile* ou « bronze fondu ». Enfin, de nos jours c'est encore au repoussé qu'on demande, exceptionnellement, les très grandes statues, ces colosses qui défient le travail de la fonte, et qui à de gigantesques proportions doivent allier une légèreté relative. Les figures d'*hommes d'armes* qui surmontent le faîte de l'hôtel de ville de Paris, ainsi que la statue de *la Liberté éclairant le monde,* œuvre de Bartholdy qui décore aujourd'hui l'entrée de la rade de New-York, ont été obtenues par ce procédé.

Les nombreux fragments dont se composent ces œuvres exceptionnelles sont exécutés séparément, à l'aide de mandrins sur lesquels on applique les feuilles de métal. On leur en fait épouser la forme ; et elles sont, après cela, rapprochées et réunies par une suite de boulons, qu'un travail de sertissure confond si bien avec la matière générale, qu'on cesse de les apercevoir.

La fonte est, de tous les procédés usités pour travailler le bronze, celui qui donne les résultats les plus artistiques, et qu'on emploie, de nos jours, le plus généralement. Il serait en outre des plus simples, si l'on se bornait pour tous les ouvrages, comme on le fait pour les petites pièces, à fondre les objets en massif ou en plein. Il paraît à peu près certain que les premières statues durent être exécutées de la sorte; mais, à une époque si reculée qu'elle se perd dans la nuit des temps, de grands artistes, qui menaient de front l'art et les procédés, et qui étaient non seulement des statuaires d'un rare mérite, mais des métallurgistes de premier ordre, trouvèrent le moyen de ne couler que l'enveloppe de la figure, et de réduire leur fonte à une très faible épaisseur. Dès la plus vénérable antiquité, on arriva, dans ce genre de travail, à une perfection qui n'a pas été dépassée depuis. A Rome, la statue équestre et colossale de Marc-Aurèle en fournit la preuve. Deux étrangers, le peintre allemand Sandrart et le sculpteur flamand François Duquesnoy, mesurèrent, au XVIIe siècle, l'épaisseur de ses diverses parties. Ils les trouvèrent d'une égalité parfaite, et « qui ne surpassoit pas celle d'un écu », soit trois à quatre millimètres au plus[1].

Cette réduction d'épaisseur est de la plus haute importance, parce qu'elle assure à l'œuvre une grande supériorité d'exécution. Et en effet, lorsque le métal une fois coulé se refroidit dans le moule, il se produit toujours un *retrait*, et ce *retrait* est d'autant plus considérable que la quantité du métal employé est plus grande. « Si bien que le rétrécissement est presque nul sur une fonte légère, tandis qu'il peut atteindre à 2 pour 100 et au delà, sur la même figure coulée à une forte épaisseur[2]. » Or le résultat de ce *retrait*, de ce « rétrécissement », comme écrivait Barbedienne, est de produire des déformations. En outre, ainsi que le remarque l'illustre bronzier, « on ne sait peut-être pas assez que la surface de la fonte est d'autant plus fine de grain d'épiderme, que le métal a moins d'épaisseur ».

De cette nécessité de ne fondre que l'enveloppe extérieure des statues, sont nés deux procédés différents de fonte : le premier qui porte le nom de *cire perdue*, le second,

---

1. Levesque, *Encyclop. méthod. : Beaux-Arts*. t. Ier. p. 312.
2. Barbedienne, *Rapports du jury international à l'Exposition de 1867*, t. III, p. 288.

celui de *fonte en sable, à noyau et pièces rapportées*. Mais comme ces deux méthodes n'ont, somme toute, d'autre but

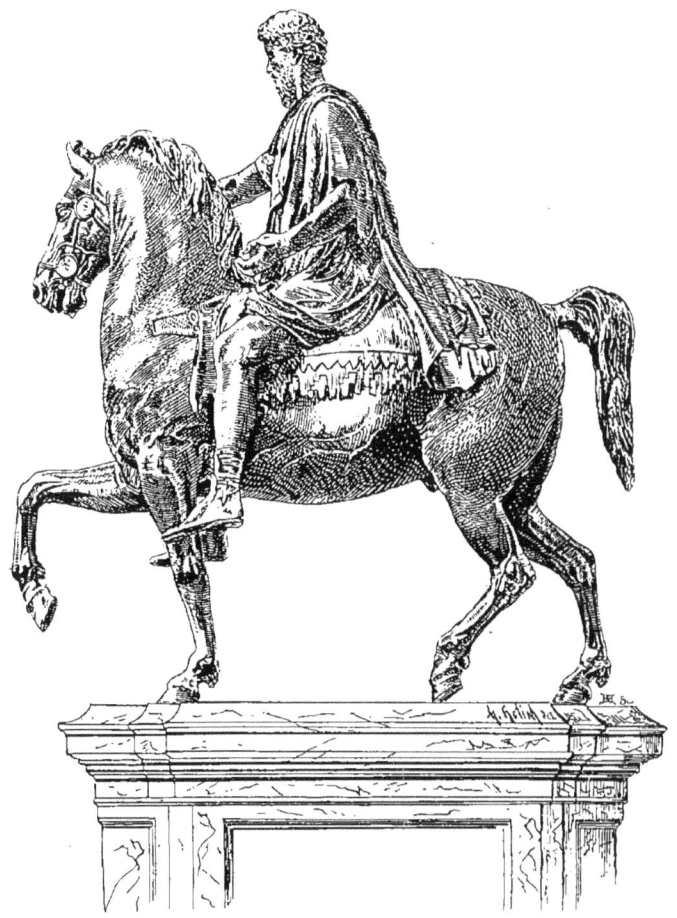

Fig. 6. — Statue antique de Marc-Aurèle, à Rome.

que d'assurer la traduction aussi exacte que possible d'un modèle, il nous faut tout d'abord dire quelques mots des conditions esthétiques que celui-ci doit remplir.

III

DU MODÈLE DESTINÉ A LA FONTE

Toute fonte, quelle qu'elle soit, à quelque objet qu'elle s'applique, exige la préexistence d'un modèle. A plus forte raison ce modèle est-il indispensable quand il s'agit d'une œuvre d'art de haute valeur, d'un groupe, d'un buste ou d'une statue, ou même d'un candélabre ou d'un vase, etc. Nous ajouterons que, pour obtenir un résultat parfait, il importe que l'artiste créateur de cette statue, de ce buste, de ce groupe, se pénètre, dans l'exécution de son modèle, des exigences toutes spéciales de la matière dans laquelle son œuvre sera finalement traduite.

Ainsi que le disait fort judicieusement M. Barbedienne[1], « un modèle destiné au bronze ne doit pas être composé ni modelé de la même manière que s'il s'agissait de marbre, de bois, de pierre, etc. » Et cela est facile à comprendre. Dans la lutte que l'homme entreprend contre la matière pour imposer à celle-ci la réalisation évidente et concrète de sa pensée, s'il arrive, à force d'intelligence, à triompher de la substance toujours inerte et souvent rebelle, et à lui imprimer la marque de son génie, par un effet réflexe et en quelque sorte fatal, la matière à son tour influe sur l'œuvre de l'homme et, quoi qu'il en ait, modifie le caractère de celle-ci.

Voilà pourquoi, dans le domaine de la Statuaire, le métal constitue une sorte de monde particulier, qui a ses exigences, ses lois et son expression. Cela est si vrai, que les

---

1. *Rapports du jury international à l'Exposition de 1867*, t. III, p. 287.

beaux bronzes : statuettes, médaillons, bustes, plaquettes même, reproduits en une autre matière par un nouveau moulage, sont toujours reconnaissables. Le plâtre, le soufre, la cire, n'arrivent pas à leur enlever leur caractère distinctif, et laissent toujours transparaître plus ou moins leur physionomie originelle. En dépit de cette transposition de matière, on retrouve non seulement le grain du métal, son épiderme à la fois lisse et résistant, sa contexture tenace, mais encore les conventions qui s'imposent à l'artiste travaillant le bronze, et qui particularisent la mise en œuvre de ce métal. Aussi, dans l'établissement de son modèle, l'artiste doit-il avoir constamment en vue l'exécution finale de son ouvrage et sa destination.

Il est clair, par exemple, que le modèle d'une statue en bronze n'a pas besoin, pour paraître solidement établi, de ces accessoires singuliers, rochers, troncs d'arbre, draperies inutiles, qui, remplissant dans les statues de marbre le rôle de *tenons,* sont nécessités par la nature même de la matière, et indispensables, aussi bien pour consolider les figures que pour rassurer l'œil du spectateur.

De la présence obligatoire de ces supports, la Statuaire en marbre conserve généralement un aspect de repos, d'immutabilité qui lui est tout spécial. Ses œuvres font toujours plus ou moins corps avec leur socle; elles participent forcément du bloc initial d'où le génie de l'artiste les a dégagées. Avec la Statuaire en bronze, c'est juste le contraire. On doit retrouver dans tous ses ouvrages, comme un souvenir de cette fusion du métal qui, devenu liquide, s'est élancé en bouillonnant hors de la chaudière, pour revêtir bruyamment la forme qu'on lui destinait. L'artiste peut donc, comme Jean de Bologne pour son *Mercure,* se permettre toutes les hardiesses, ou, s'il répugne aux poses outrées, donner à ses figures de bronze toutes les attitudes qui lui plaisent, leur imprimer une sorte de mouvement, d'activité, et, tout en respectant les aplombs et la pondération des formes, se priver de tous soutiens sans que l'esprit du spectateur songe à s'en alarmer.

Allez au Louvre, pénétrez dans la galerie Denon, contemplez les deux Centaures de bronze qu'on a surmoulés sur des statues de marbre appartenant au musée du Capitole. Il est certain que les énormes troncs d'arbre qui soutiennent leurs ventres vous choqueront. Et vous vous demanderez comment le bronzier chargé de cette traduction n'a pas supprimé des supports qui, nécessaires dans l'original, devenaient hors de propos dans leur reproduction en métal.

Ce n'est point tout. Le marbre offre à l'œil des douceurs exquises. Ses formes présentent un modelé pur, des dégradations délicates où l'ombre et la lumière se marient avec une souplesse et une transparence infinies. Sur cette surface blanche et lumineuse, tous les jeux du clair-obscur se fondent et s'harmonisent doucement. Dans le bronze il en va différemment. L'effet est violent, puissant, heurté, et, pour se dessiner sur le ton sombre, neutre et profond de la patine, les plans doivent être plus fermement indiqués, les détails simplifiés, les ombres accentuées par des creux plus ressentis. Le marbre, si l'on peut dire ainsi, se caractérise par ses masses qui rayonnent doucement la lumière ; le bronze, par la silhouette qu'offre son contour.

Ce que nous disons de la différence qu'on doit observer entre les modèles destinés à être traduits en bronze ou en marbre, s'applique à plus forte raison aux autres matières d'un ordre inférieur, au plâtre, à la terre, à la pierre, au bois, etc. La densité supérieure du bronze donne à son épiderme une admirable finesse, en même temps qu'une extrême fermeté. Cette double qualité exige, dans l'exécution du modèle et en vue de la traduction finale, une facture particulièrement serrée, où rien ne doit sentir le vague, l'abandon, la mollesse. Elle nécessite en outre des évidements prononcés, pour faire dominer le contour, et une détermination très précise de la forme. Ne pas tenir compte de ces exigences, c'est s'exposer à de graves erreurs, c'est imiter ces sculpteurs inexpérimentés qui, livrant au fondeur un moulage en plâtre sur lequel se distinguent encore les coups de pouce, les boulettes ajoutées, les stigmates de l'ébauchoir, imposent à la rigide et rébarbative matière l'aspect d'un corps malléable qui aurait été pétri avec les doigts.

Cette erreur, on pourrait dire ce mensonge, est d'autant plus malséante, que — nous allons le voir dans un instant — en aucun moment la terre dont est fait le modèle n'est en contact, je ne dirai pas avec le bronze, mais même avec le moule dont celui-ci épousera la forme jusqu'en ses moindres détails. Et il est d'autant plus nécessaire d'insister sur ce point, que nombre de sculpteurs

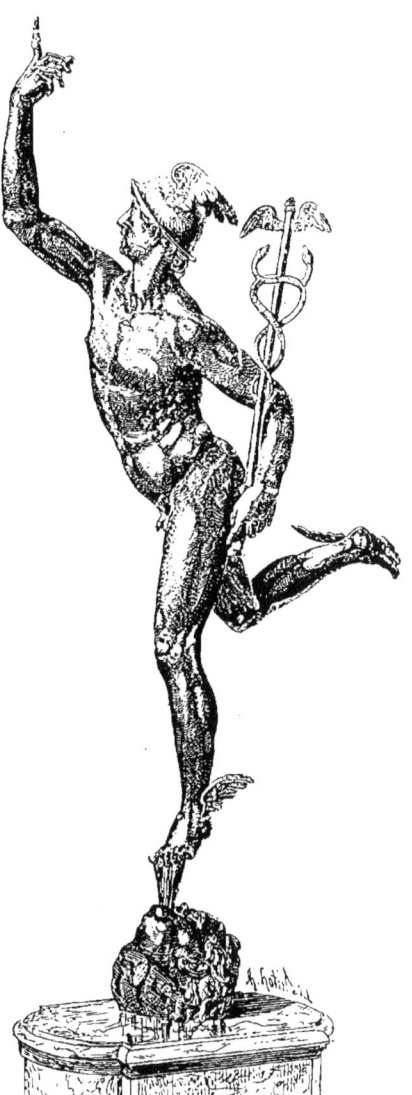

Fig. 7. — *Mercure* par Jean de Bologne.

semblent ne prendre aucun souci de la matière dans laquelle leurs ouvrages seront finalement exécutés.

Autrefois, cette absence de préoccupations, si préjudiciable au bel aspect de l'œuvre terminée, n'était pas à redouter : « Il est constant, d'après le témoignage des auteurs anciens, écrit M. Eugène Guillaume[1], il est certain que dans l'Antiquité les statuaires non seulement modelaient leurs statues, mais encore qu'ils les fondaient et leur donnaient, en les ciselant eux-mêmes, la dernière main. Les artistes du Moyen Age et ceux de la Renaissance continuaient ces errements. Quelques-uns même, et des plus illustres, se livraient par plaisir à des travaux que nous délaissons; car nous savons que Brunelleschi, le grand architecte florentin, qui était aussi un grand sculpteur, dans ses loisirs, aidait Ghiberti à ciseler les portes du Baptistère. Si l'admiration qu'excitent les beaux bronzes était raisonnée, les sculpteurs modernes essayeraient de suivre l'exemple de leurs devanciers. Mais aujourd'hui tout conspire à les détourner de ces pratiques salutaires. On ne peut pas dire que nous répugnions à travailler le métal, nous n'en avons pas l'idée. La division du travail, qui se justifie à bien des égards, produit dans les arts de regrettables effets. On entend quelquefois l'artiste se plaindre du fondeur ou du ciseleur. A qui donc s'en prendre des défauts de l'œuvre? »

On ne saurait mieux dire. En 1867, avec moins d'éloquence assurément, mais avec une franchise non moins hardie et aussi louable, M. Barbedienne constatait ce désintéressement déplorable des statuaires contemporains. « Autrefois, disait-il, l'artiste fondait et ciselait son œuvre lui-même, tandis que de nos jours l'œuvre de l'artiste doit passer par la main de l'ouvrier; et, si habile que soit ce dernier, il ne peut arriver que bien difficilement à donner un travail égal à celui du Maître[2]. »

1. *La Sculpture en bronze*, op. cit., p. 28.
2. *Rapports du Jury international*, op. cit., t. III, p. 284.

Quelles que puissent être, en effet, l'expérience et la dextérité de ces collaborateurs forcés, la personnalité de l'auteur, si elle ne disparaît pas complètement, du moins s'atténue dans les travaux collectifs. Il est même curieux qu'un artiste, après avoir conçu une œuvre, après l'avoir vue dans son imagination revêtue d'une perfection finale lui assignant son caractère définitif, se repose sur des étrangers qu'il ne connaîtra peut-être jamais, placés en tout cas hors de sa dépendance directe, du soin de réaliser ce qu'il y a de plus délicat, de plus fugitif, de plus insaisissable dans cette perfection.

Hâtons-nous d'ajouter que le mal dont nous signalons l'existence ne date pas d'hier. Au xviie et au xviiie siècle, on se plaignait déjà que la plupart des artistes ne participassent pas, d'une façon suffisante, à la fonte de leurs bronzes. Nous verrons, dans la partie historique de ce livre, que le sculpteur Desjardins fondit lui-même la statue de la place des Victoires ; que Girardon dirigea en personne la fonte de la statue colossale destinée à la place Vendôme, et Falconet celle de Pierre le Grand, érigée à Saint-Pétersbourg. Nous verrons aussi que Houdon ne s'en remettait à personne, du soin de traduire en métal ses belles créations. Mais, à côté de ces statuaires d'élite, combien d'autres artistes faisaient déjà preuve d'un fâcheux et coupable désintéressement !

C'est pourquoi Levesque, le continuateur du *Dictionnaire des beaux-arts* commencé par Watelet, n'hésitait pas à écrire : « Comme nos statuaires abandonnent à des ouvriers fondeurs le soin de jetter en bronze les ouvrages dont ils ont fait les modèles, il semble que l'article *fonte* devroit, dans l'*Encyclopédie méthodique*, appartenir au *Dictionnaire des arts méchaniques*. Mais il appartient en réalité au *Dictionnaire des beaux-arts,* parce qu'il est très nécessaire que les statuaires sachent diriger leurs fondeurs, et parce qu'ils peuvent se trouver dans des circonstances qui les engagent à fondre eux-mêmes[1]. » Et, à l'appui de son dire, Levesque ajoute, un peu plus loin : « Si l'auteur de la statue équestre de Pétersbourg, M. Falconet, s'en étoit remis à la routine d'un fondeur, il se seroit vu contraint de renoncer à la composition de son ouvrage. »

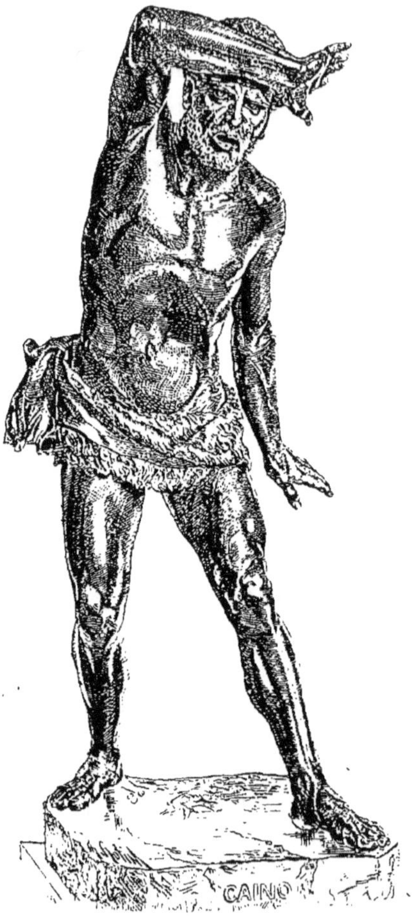

Il nous faut reconnaître toutefois que, depuis une cinquantaine d'années, un revirement heureux s'est produit. On a vu, en effet, quelques artistes d'un grand talent, Barye, Mène, Frémiet notamment, se faire eux-mêmes les éditeurs de leurs œuvres, et en diriger l'exécution avec un soin, une science, un talent, qui décuplaient le prix des épreuves sorties de leurs mains. On a vu, en outre, des fondeurs, auxquels on peut donner également la qualification d'artistes, M. Gonon d'abord, puis ses fils, et plus tard M. Bingen, essayer à leur tour de restituer

Fig. 8. — *Caïn* par Dupré.

---

1. *Encyclopédie méthodique : Beaux-Arts*, t. Ier, p. 313.

les procédés de *fonte à cire perdue*, qui, d'un usage général dans l'Antiquité et à l'époque de la Renaissance, étaient peu, à peu tombés dans l'oubli. Or, cette *fonte à cire perdue*, ainsi que nous aurons occasion de le constater dans un instant, exige la coopération directe de l'artiste. Mais, alors que chez leurs glorieux devanciers, le statuaire conduisait l'opération jusqu'à son achèvement, et demeurait jusqu'au bout « maître de l'œuvre », avec les émules des Gonon et des Bingen, nos artistes s'arrêtent en route. Après avoir amené leur cire à la perfection voulue, ils se désistent de toute direction, de toute participation au reste de l'opération, et la confection de la *chape,* aussi bien que la fonte proprement dite, sont exécutées en dehors d'eux par d'habiles spécialistes.

Cette manière d'opérer, quoique incomplète, constitue toutefois un grand progrès, et l'on a pu voir, à nos Expositions annuelles, des épreuves de ces *fontes à cire perdue,* « jetées » d'après les modèles des statuaires éminents, — je citerai notamment la figure du tombeau de Guillaumet de M. E. Barrias et les bustes de Liouville et d'Albert Wolff de M. Dalou, — capables de supporter la comparaison avec les bronzes anciens.

En présence de cette « renaissance » il paraîtra sans doute intéressant de passer tout d'abord en revue les procédés employés au xvie siècle pour exécuter les *fontes à cire perdue,* — procédés qui, du reste, ne diffèrent pas essentiellement de ceux pratiqués de nos jours. Mais, avant cela, quelques explications générales, relatives au matériel dont on fait usage dans les fonderies, nous paraissent indispensables.

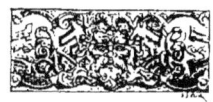

Fig. 9. — Bas-relief en bronze (porte de Saint-Maclou à Rouen).

IV

L'ATELIER DU FONDEUR. — SON MATÉRIEL.
EXPLICATIONS PRÉLIMINAIRES.

Occupons-nous tout d'abord du lieu où se passent les opérations principales de la fonte. Jamais, de nos jours, on ne vit, il faut bien l'avouer, local moins luxueux. Jadis on était moins exigeant encore. Nous connaissons par une gravure de Bénard les ateliers de l'Arsenal de Paris, où les Keller, après avoir fondu l'artillerie royale, fondirent les statues qui ornent encore, à l'heure actuelle, Versailles et Trianon. Ils ont une certaine allure; mais nous savons que nombre d'œuvres considérables furent exécutées dans des hangars improvisés à la hâte, à peine couverts et insuffisamment clos. C'est ainsi que le *Persée* de Benvenuto fut jeté en bronze dans le jardin de l'artiste, à Florence; que le bourdon de Notre-Dame fut fondu sur le Parvis même, et que le fameux *Louis XIV* de Girardon, destiné à la place Vendôme, fut coulé dans le jardin du couvent des Capucines, au coin de la rue des Petits-Champs.

Ces ateliers, définitifs ou temporaires, présentent, toutefois, des dispositions à peu près identiques et qu'on peut qualifier d'essentielles. Il leur faut avoir un sol parfaitement plan et très résistant. Ils doivent être largement ouverts, d'un accès facile, et se trouver autant que possible isolés. Puis, s'ils sont destinés à produire de grosses pièces, ils doivent être munis d'un fourneau placé en contre-haut du sol, d'une fosse située dans le voisinage du fourneau et très en contre-bas; d'un treuil permettant de descendre jusqu'au fond de la fosse, et sans aucune secousse, le noyau enveloppé dans sa *chape*.

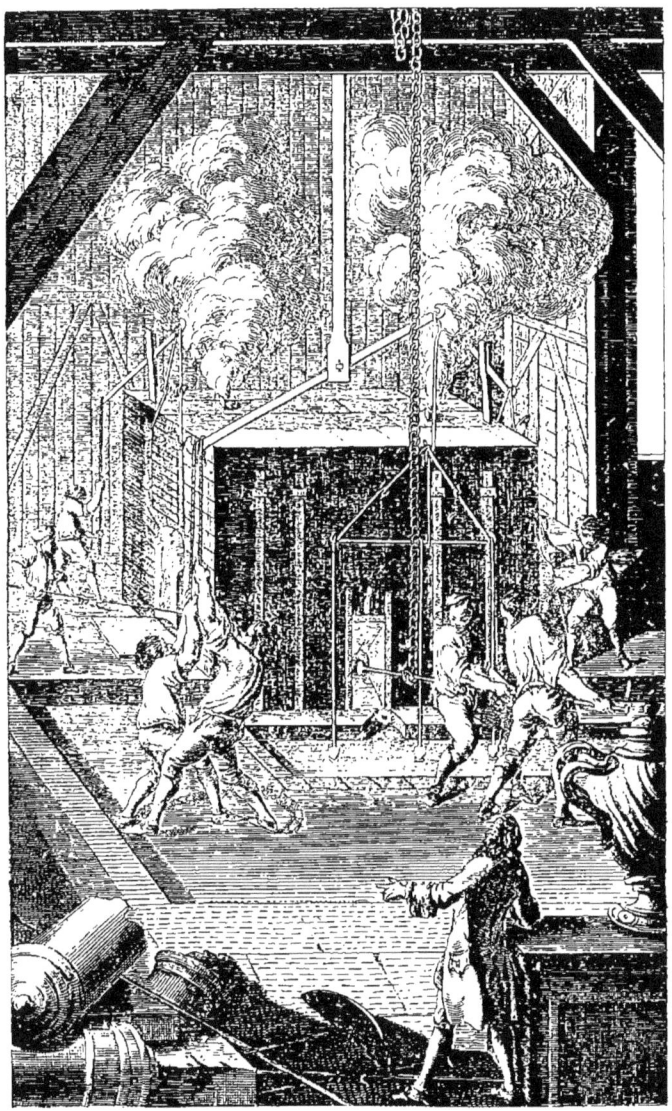

Fig. 10. — L'atelier de fonderie à l'Arsenal de Paris, d'après la gravure de Bénard.

Si notre fonderie, au contraire, n'est destinée qu'à produire des œuvres de petites dimensions (statuettes, vases, bronzes d'ameublement), la fosse peut être supprimée. On la remplace, en effet, par des châssis en fer fortement serrés à l'aide d'écrous; et, dans ce cas, le fourneau doit être plutôt un peu bas, afin qu'on puisse facilement saisir, à l'aide de pinces, les creusets contenant le métal en fusion.

Dans les établissements importants, ces deux dispositions, ce double matériel, coexistent, le second journellement employé, le premier plus exceptionnellement; car, en dépit de la « statuomanie » dont nous paraissons atteints, la fonte des grosses pièces est relativement rare. C'est même ce qui explique comment les ateliers de fondeurs, qu'on peut considérer à juste titre comme les mieux agencés, ne le sont pas, à beaucoup près, aussi rationnellement et aussi scientifiquement que ceux de beaucoup d'autres industries.

Nous venons de dire que la fosse est située au-dessous du sol, de telle façon que lorsqu'on débouche la cuvette du fourneau, le métal en fusion, suivant une pente assez inclinée, vienne remplir directement les cavités du moule. Cette opération ne s'effectue sans accident que lorsque la fosse est complètement étanche et ne contient aucune humidité. Or dans une ville on a toujours à redouter les infiltrations des égouts et des canalisations voisines.

C'est ce qui se produisit lors de la fonte du *Louis XIV* de Girardon, qui fut un moment compromise par le voisinage d'un puisard recevant les eaux de cuisine du couvent voisin. Le même accident faillit arriver à Falconet, à Saint-Pétersbourg, dont le sol est fort marécageux. Aussi ce grand artiste recommandait-il de construire le fourneau à une élévation suffisante pour que le *noyau* et la *chape* n'eussent pas besoin d'être enfouis. Il préférait que, se trouvant au ras du sol, ils fussent environnés par des murailles de quatre pieds d'épaisseur, constituant une enceinte suffisamment solide pour résister aux pressions les plus fortes. Une porte étant pratiquée dans cette enceinte, toutes les opérations du moulage pouvaient être exécutées de plain-pied, sans déplacer le modèle ni la *chape*, et par conséquent en évitant encore, de ce côté, des dangers de malfaçon.

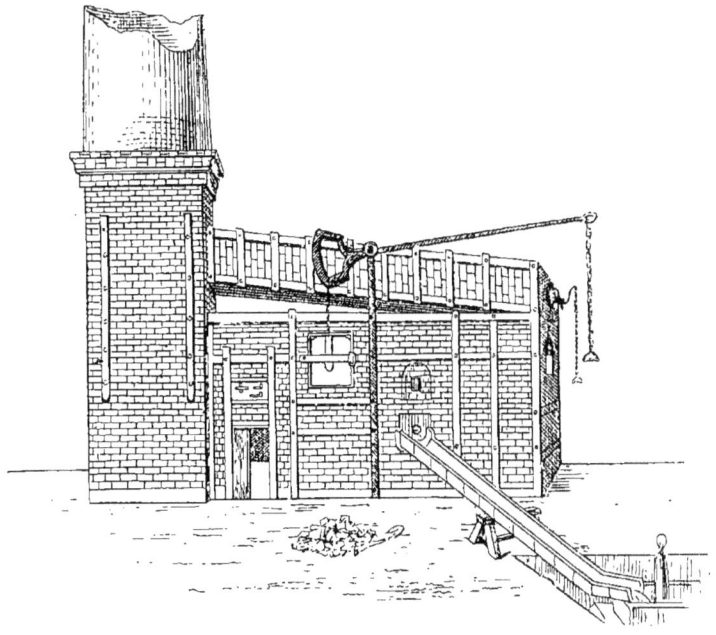

Fig. 11. — Fourneau de fondeur.

« J'ai eu lieu de comparer toutes les difficultés des travaux faits dans une fosse, avec la grande facilité d'agir librement autour d'un grand modèle de cire et d'un moule, » écrivait à ce propos Falconet, sans espoir sans doute d'être écouté, car il ajoutait : « On fond un canon dans une fosse; nous employons des fondeurs de canons ou des ouvriers qui ont appris à fondre avec eux; et, du maître à l'apprenti, l'usage passe aux statues colossales. »

De fait, aujourd'hui comme avant Falconet, les fontes exécutées par nos bronziers les mieux installés, par les Thiébault, par les Barbedienne, ont encore lieu dans des fosses. En outre, il est à remarquer que dans cet agencement, c'est la position du fourneau qui commande l'emplacement de tout le reste, et qu'on n'a point encore cher-

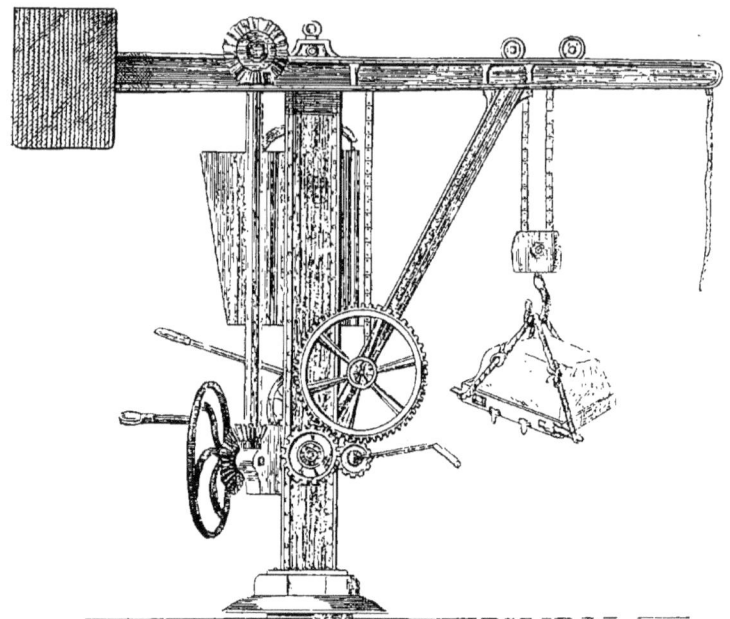

Fig. 12. — Treuil pour descendre la chape dans la fosse.

ché — comme cela a lieu par exemple pour la fonte des glaces — à faire voyager les creusets pleins de matière en fusion, et à les transporter sur le point où doit s'effectuer l'opération de la fonte.

Nous ajouterons toutefois que nos ateliers modernes, avec leurs charpentes en fer, rebelles aux incendies si fréquents jadis, avec leurs treuils perfectionnés, avec leurs fourneaux dont on peut régler exactement la marche, et leurs hautes cheminées qui emportent au loin la fumée et les gaz, offrent une installation peut-être encore un peu routinière, mais très supérieure à celle des fonderies du siècle dernier.

Après avoir décrit sommairement l'atelier du fondeur, nous allons analyser aussi clairement que possible les différentes opérations auxquelles donne lieu la confection des principaux objets qui relèvent de sa compétence. Ces divers objets, quelles que soient leur nature et leur destination, sont toujours fondus dans un moule auquel on donne le nom générique de *chape*. Lorsqu'ils sont pleins ou massifs, leur fonte s'effectue simplement, c'est-à-dire que le métal conduit directement dans la *chape* par des *chemins* préparés à l'avance l'emplit intégralement. Lorsque, au contraire, l'objet doit être creux, alors il est indispensable que le moule soit intérieurement garni d'une figure en terre, présentant les mêmes contours, mais légèrement plus petite, de façon qu'entre les parois du moule et cette figure il reste un emplacement libre (une sorte de chemise), de l'épaisseur qu'on désire donner à l'œuvre achevée. Cette figure interne prend le nom de *noyau;* elle est consolidée à l'intérieur de la chape par une *armature* en fer, qui soutient la terre dont elle est faite et l'empêche de se déplacer. Ceci bien expliqué, voyons maintenant comment on procède.

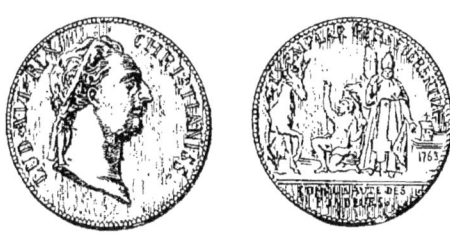

Fig. 13 et 14. — Jeton de la corporation des fondeurs.

V

LA FONTE A CIRE PERDUE

Il est un point sur lequel tous les connaisseurs sont d'accord : c'est la supériorité des bronzes antiques et de ceux du XVIe siècle — italiens aussi bien que français — sur les fontes exécutées de nos jours. En ces temps heureux, où il était permis à un sculpteur d'embrasser, ainsi que nous l'avons dit, son art dans toutes ses parties, on a réalisé dans ce genre de purs chefs-d'œuvre. Ce fait étant au-dessus de toute contestation, nous ne saurions donc mieux faire, pour décrire les procédés les meilleurs et les plus propres à produire des pièces irréprochables, que de nous en référer aux auteurs de ces beaux ouvrages, et de leur emprunter les méthodes qui ont présidé à l'exécution de tant de bronzes superbes, objets de notre légitime admiration.

Pour ce qui est de l'Antiquité, ces sortes d'emprunts ne laissent pas que d'être assez difficiles. Les écrivains spéciaux, qui nous ont transmis la description de tant d'œuvres magnifiques aujourd'hui disparues, ont omis de nous renseigner sur la façon dont elles furent exécutées. Les plus détaillés d'entre eux, Pausanias et Pline, quand ils effleurent ce délicat sujet, le font dans un langage qui manque de précision scientifique. Ce silence explique comment on a pu prétendre que les procédés des *statuarii* de Rome, aussi bien que ceux de leurs précurseurs d'Égine, d'Athènes et de Sicyone, s'étaient perdus pendant la sombre nuit du Moyen Age. Nous verrons, dans la partie historique de ce livre, ce qu'il faut penser de cette assertion. Mais en admettant même que ces méthodes soient tombées dans le plus profond oubli, encore furent-elles retrouvées à l'époque de la Renaissance ; et cette fois un écrivain de tempérament, mieux renseigné que les critiques d'art de la Grèce et du Latium, plus communicatif surtout que les artistes de l'Antiquité, a pris soin de nous révéler, dans des termes suffisamment clairs pour que les gens du métier en puissent faire leur profit, les différentes opérations qui présidaient, de son temps, à la fonte des statues de bronze ; et cela dans le but — il le proclame lui-même — de nous « initier à la pratique acquise par ses travaux ».

Ce grand artiste, ce sculpteur émérite, auquel il ne faut pas marchander notre reconnaissance, c'est Benvenuto Cellini. Son écrit porte le nom de *Traité de la sculpture*, et comporte six chapitres, dont le premier est consacré à « l'art de jeter les statues en bronze[1] ».

PREMIER PROCÉDÉ. — Benvenuto Cellini ne décrit pas moins de trois manières de fondre à cire perdue. La première est celle qu'il employa pour son fameux *Persée*. L'exécution de cette statue avait été, pour son auteur, l'objet de longues méditations et de nombreuses études préalables. On possède même de lui un certain nombre de maquettes préliminaires, qui présentent de curieuses variantes de l'œuvre finale. Nous citerons notamment celle que possède le musée de Florence. Le baron Davilier en avait découvert une seconde, qui est passée avec sa collection au musée du Louvre.

Quand notre artiste eut bien arrêté dans son esprit la forme définitive de sa figure, il la modela à grandeur d'exécution en argile mélangée de bourre de drap ; puis, son modèle achevé, il le *maigrit*, c'est-à-dire qu'il en gratta l'épiderme, jusqu'à ce qu'il eût diminué celui-ci, de l'épaisseur qu'il voulait donner à son enveloppe de bronze ;

---

1. Voir les *Œuvres complètes de Benvenuto Cellini, orfèvre et sculpteur florentin*, traduites par L. Leclanché ; Paris, 1847 ; t. II, p. 355 et suiv.

quand il eut ainsi obtenu son *noyau,* il le fit cuire; et, une fois refroidi, il appliqua sur toutes ses parties un nouvel épiderme, de l'épaisseur exacte de celui qu'il avait enlevé. Ce nouvel épiderme était en cire. Il le retoucha, lui donnant tout le fini, toute la précision de détails que devait comporter l'œuvre achevée[1].

C'est dans cet état que Cellini soumit sa figure à Cosme de Médicis, qui la lui avait commandée. Elle était si belle — à l'en croire — que le prince témoigna une grande crainte, qu'en passant par la fonte, une œuvre si parfaite fût à jamais perdue. Cellini ne se laissa pas arrêter par ces fâcheux pronostics. Il couvrit, au pinceau et le plus délicatement possible, sa figure d'une *barbotine* faite de corne de mouton calcinée, de plâtre, de tripoli et de battitures de fer, le tout parfaitement broyé et délayé avec soin, superposant les couches de façon à donner à cette enveloppe l'épaisseur d'une lame de couteau. Ensuite il continua la même opération en faisant usage de sable à mouler ordinaire, mais en prenant bien garde de n'appliquer des couches nouvelles que lorsque celles de dessous étaient suffisamment séchées.

Lorsque notre artiste jugea que sa *chape* était d'épaisseur convenable et de résistance suffisante, il la consolida avec des cadres de fer, puis il la soumit à un feu doux. La chaleur fit fondre la couche de cire qui enveloppait le modèle, et cette cire s'écoula par des *évents* qu'il avait ménagés. Ensuite, il activa son feu pour faire cuire son moule. L'opération dura deux jours et deux nuits, après lesquels, estimant que toute la cire s'était tout à fait écoulée, et que sa *chape* était parfaitement cuite, il conduisit, avec infiniment de précautions, le moule et son *noyau* jusqu'à la fosse qu'il avait préparée à une brasse au-dessous du plan de son

---

[1]. Cette figure du *Persée* avait été préalablement garnie à l'intérieur d'armatures en fer, qui en soutenaient les diverses parties. Voir le passage où nous revenons sur l'exécution de cette statue.

fourneau. Puis il remplit la fosse de terre pressée, mais sans secousse, disposant avec soin les *évents* par où l'air devait s'échapper, et la canalisation par laquelle la fonte, s'échappant du fourneau, devait être amenée dans les différentes parties du moule.

Nous connaissons le résultat de cette heureuse entreprise; et les éloges unanimes que reçut le *Persée* à son apparition durent amplement dédommager son auteur des angoisses par lesquelles il passa à cette occasion, et sur lesquelles nous aurons occasion de revenir[1].

Cellini raconte, nous l'avons dit, que le Médicis, dans la visite qu'il lui fit pour voir le modèle du *Persée,* voulut s'opposer à ce que l'artiste pratiquât sa fonte ainsi qu'il vient d'être expliqué. Benvenuto persista, et l'événement lui donna raison. Il n'en est pas moins vrai que cette façon d'opérer

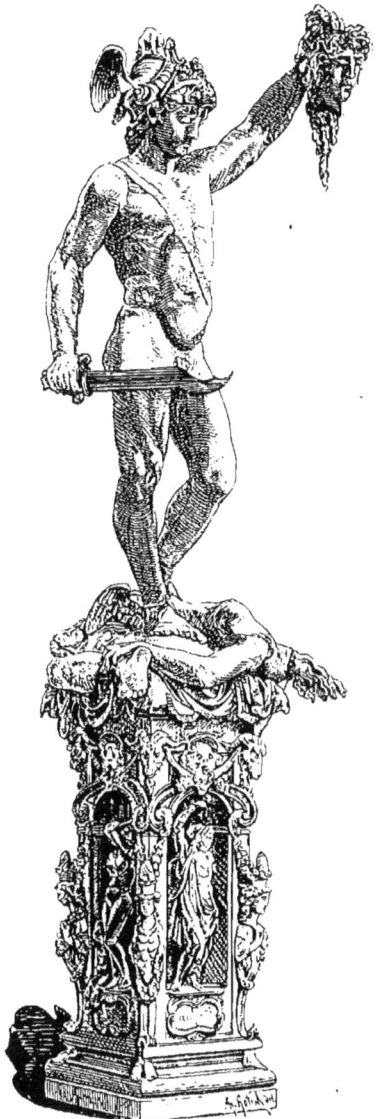

Fig. 15. — Le *Persée* de Benvenuto Cellini.

---

1. Voir partie historique, p. 115 et suiv.

présente un danger considérable. Le modèle, fournissant lui-même le *noyau,* est forcément détruit, puisque, une fois la pièce fondue, il faut le briser et le réduire en poussière, afin de dégager l'intérieur de la statue. Or, admettons que, pour une raison quelconque, la fonte vienne à manquer, — comme cela arriva, par exemple, pour la statue équestre de *Louis XIV* destinée à la ville de Bordeaux. — Alors il ne reste plus rien du travail de l'artiste, et tout est à refaire. En outre, une fonte, surtout lorsque la pièce est un peu considérable, n'est que très rarement parfaite. Il faut toujours la réparer. Or les retouches doivent, dans ce premier cas, être exécutées par le statuaire lui-même, puisque, le modèle ayant disparu, il ne reste plus aux ciseleurs aucune indication précise, pour les renseigner sur les intentions de l'auteur. C'est pour cette raison que Benvenuto nous décrit deux autres manières de procéder, usitées à son époque, et grâce auxquelles « le modèle, demeuré intact, guide les auxiliaires de l'artiste dans la réparation de la statue[1] ».

Second procédé. — Avec cette autre méthode, rien n'est changé dans la confection première du modèle. Celui-ci est exécuté en argile, et poussé aussi loin qu'il est nécessaire. Mais une fois qu'il est achevé, au lieu de le maigrir pour en former le *noyau* de la statue définitive, on en fait prendre un moule en plâtre à bon creux. Cette opération est généralement exécutée par des mouleurs spéciaux, et ce moule peut se diviser en autant de parties qu'on juge convenable; car cette division, même exagérée, est sans importance finale. Dans toutes les parties de ce moule à bon creux — après qu'on en a sorti le modèle — on applique des gâteaux de cire amollie, épais de deux à cinq millimètres, et qu'on prépare au fur et à mesure, suivant

1. *Traité de la sculpture, loco cit.*, p. 360.

qu'on entend donner une épaisseur plus ou moins considérable au bronze, et un poids plus ou moins grand à la

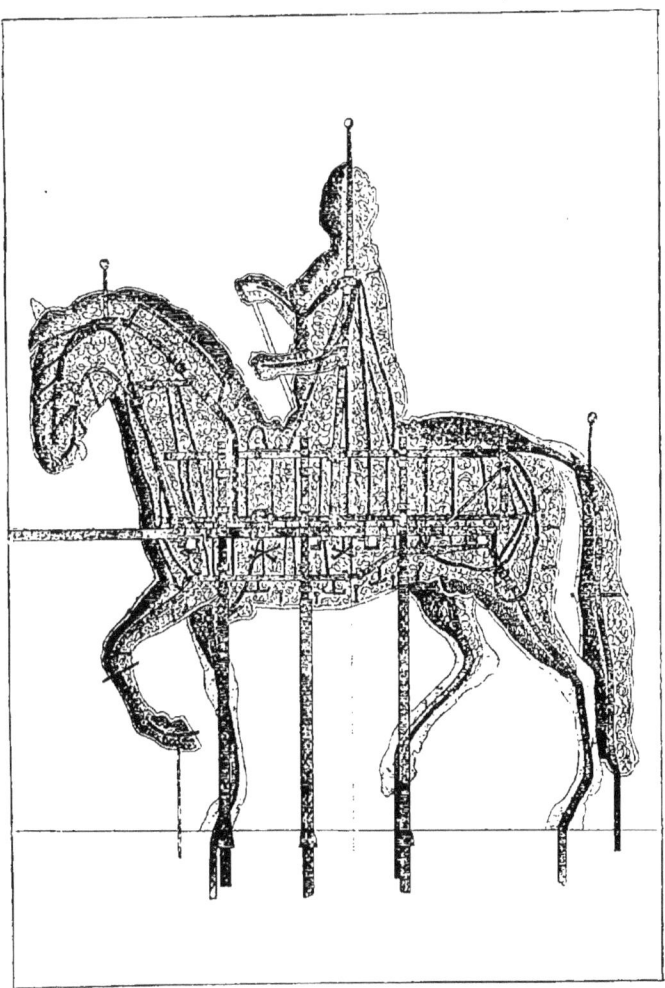

Fig. 16. — Armature de la statue équestre de Louis XV, par Bouchardon.

statue. Cela fait, on construit une armature de fer destinée à soutenir la terre dont sera formé le *noyau*. Les différentes pièces de cette armature doivent correspondre naturellement au mouvement et à la position des parties principales (jambes, bras, torse, tête, etc.) de la statue. Elles doivent en outre être réunies ensemble de telle façon, qu'après la fonte on puisse les détacher aisément et les sortir sans trop endommager la surface métallique. On habille cette armature avec des pains de terre, que l'on superpose, en ayant soin de laisser bien sécher les premiers avant d'en rajouter de nouveaux. Puis, quand la forme du *noyau* commence à se dessiner, on renforce en suivant les contours du modèle, jusqu'à ce qu'appliquée à l'intérieur du moule, la masse de terre qui formera le *noyau* touche partout les gâteaux de cire qui garnissent le creux, et coïncide exactement avec eux.

Nous venons de dire que le moule à bon creux, exécuté par le mouleur en plâtre, pouvait se décomposer en de nombreuses sections. Cette décomposition aide même à cette partie du travail. Elle permet, en effet, de présenter successivement, sur les contours du *noyau,* les parties du creux correspondantes, et d'en vérifier l'absolue coïncidence. Elle permet même de fragmenter l'exécution du *noyau,* et de façonner séparément certains morceaux isolés, qu'on réunit ensuite à la masse principale.

Lorsqu'on a ainsi construit un *noyau* qui *touche* bien partout, pour augmenter sa consistance on le lie du haut en bas avec du fil de fer, et on le soumet à l'action du feu. Une fois cuit, on le recouvre d'un léger enduit fait de poudre d'os et de brique pilée, mêlée d'un peu d'argile, et l'on donne une seconde cuisson. Cela fait, on dégage l'intérieur du moule en retirant les gâteaux de cire dont on l'avait garni; on le frotte avec un corps gras, afin d'empêcher qu'il n'adhère à la cire qu'on va couler pour remplacer les gâteaux qu'on vient d'extraire; puis on dresse le noyau sur ses pieds; on l'enferme dans le moule, dont on replace successivement tous les fragments en les consolidant avec des cordes, et en ayant soin de fixer le noyau à l'intérieur du moule avec des barres de fer, de façon qu'il ne puisse bouger; et, ces précautions prises, on peut verser la cire chaude. Pourvu que celle-ci ait été amenée à une température convenable, si contournée que puisse être la figure, l'emplacement resté libre entre la paroi intérieure du moule et l'épiderme du *noyau* se remplira exactement.

Cette première opération achevée, il faut laisser refroidir la cire, ce qui, suivant la saison, exige un jour ou deux. On procède ensuite au démoulage, qui n'offre du reste aucune difficulté sérieuse, car la cire en se refroidissant subit un très léger retrait, et, à moins d'un accident fortuit, on ne rencontre aucune adhérence. Le *noyau* ainsi démoulé offre un nouvel exemplaire du modèle original revêtu partout d'une couche uniforme de cire. Ce nouveau modèle toutefois n'est pas irréprochable. Les différents compartiments du moule ont laissé, à leurs points de jonction, des coutures qu'il faut effacer. Il a pu également arriver que certains détails soient mal venus. Il importe donc que le sculpteur revoie avec soin sa statue, et qu'il la répare — ou, à son défaut, quelque habile praticien, dont la tâche sera facilitée par la comparaison avec le modèle qui aura été conservé. — Puis, toutes ces réparations achevées, il ne restera plus qu'à procéder comme nous avons indiqué au précédent alinéa, et comme fit Benvenuto pour son *Persée;* c'est-à-dire à construire une *chape,* à faire écouler la cire, et à remplacer celle-ci, dans l'interstice laissé libre, par le bronze en fusion.

Troisième procédé. — La seconde méthode que nous venons de décrire, si elle offre le grand, l'inappréciable avantage de conserver le modèle, ne laisse pas toutefois que d'être fort compliquée; aussi, dès le xvie siècle, avait-on cherché un moyen plus expéditif d'arriver au même résultat, en supprimant une partie des opérations intermédiaires; et voici à quelle façon d'opérer on s'était arrêté.

Après avoir, comme il a été précédemment expliqué, moulé le modèle et garni le moule avec des gâteaux de cire, au lieu d'appliquer sur l'armature des couches successives de terre, et de construire le *noyau* en approchant progressivement, jusqu'à coïncidence parfaite avec la forme intérieure du creux, on coule dans celui-ci une composition formée moitié de plâtre et moitié d'un mélange d'os calcinés et de briques pilées, délayés dans de l'eau. Dès que la composition versée dans le moule est prise, on ouvre ce dernier, on dégage le *noyau*, on l'entoure de fils de fer; on le cuit; on le lute avec un enduit de même nature; on donne une nouvelle chauffe, puis, le replaçant dans le moule, on jette la cire; et, après avoir réparé celle-ci, on procède pour le surplus comme il a été dit plus haut.

Notre auteur termine son chapitre en recommandant aux statuaires, pour éviter tous mécomptes, de commencer par bien étudier les terres et plâtres dont ils doivent faire usage. « L'artiste, ajoute-t-il, doit faire grandement attention aux matières dont il se sert, car bien souvent, suivant le pays d'où elles sortent, elles changent de nature et produisent des effets différents. » Ce qui peut, toutefois, rassurer nos fondeurs, — et l'aveu a dû coûter quelque peu à un Italien, — Benvenuto reconnaît que les terres et plâtres de France, et notamment ceux des environs de Paris, sont de qualité absolument supérieure.

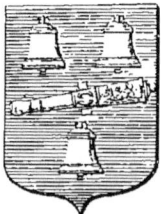

Fig. 17. — Armoiries corporatives des fondeurs parisiens.

VI

LA FONTE EN SABLE ET A PIÈCES RAPPORTÉES

De nos jours, on ne recourt que très exceptionnellement aux méthodes dont nous venons de décrire les opérations

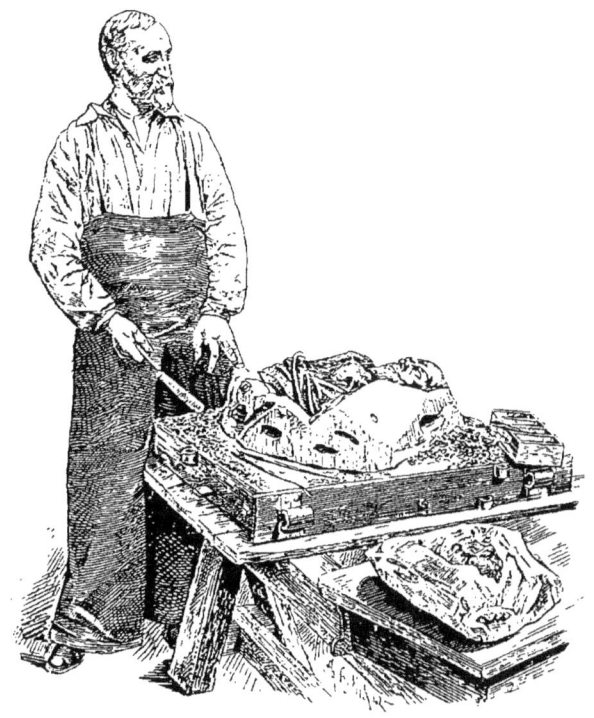

Fig. 18. — Exécution du moule en sable et à pièces rapportées.

essentielles, et seulement pour les ouvrages qui, présentant un caractère d'art particulier, ne doivent être reproduits qu'à un seul exemplaire, ou du moins à un très petit nombre d'épreuves. On a cependant essayé, depuis vingt ans, en France et en Belgique, de donner à la *cire perdue* une sorte de caractère industriel; mais pour les bronzes, qui sont l'objet de reproduction courante, et soumis aux exigences de ce qu'on appelle l'« édition », on emploie plus ordinairement un autre procédé, dont les résultats sont certainement moins artistiques, moins délicats, moins fins, qui ne conserve pas aux épreuves ce modelé subtil, ce cachet original, cette empreinte intime de l'artiste qu'of-

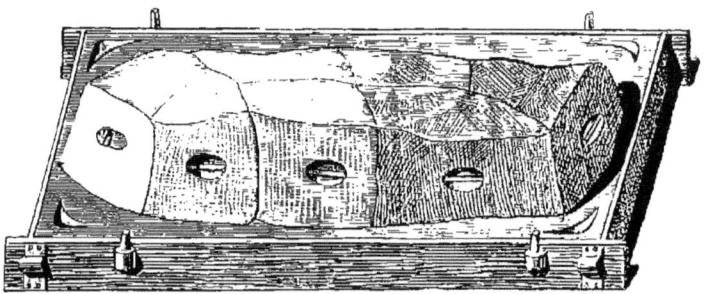

Fig. 19. — Le moule en sable, fermé.

frent les belles *cires-perdues*, mais qui permet, cependant, d'atteindre à une perfection relative et moyenne, dont le public se contente, et qui, faute de mieux, satisfait parfois des juges moins indulgents.

Cet autre procédé — assez différent de ceux que nous venons de passer en revue — porte le nom de *fonte en sable, à pièces rapportées*. Ses principaux mérites sont d'être expéditif et commercial, de ne pas réclamer la coopération directe du statuaire, de rendre par conséquent l'éditeur maître absolu de ses ateliers, et directeur, sans contrôle gênant, de sa production. Son grand inconvénient, c'est de dépouiller les épreuves qu'il nous livre, de cette fleur, de ce je ne sais quoi si particulier, qui signale toujours la participation de l'artiste à la reproduction de son œuvre. En outre, il exige un travail de ciselure très compliqué, — travail qui, s'il est mal surveillé ou conduit sans intelligence, risque d'altérer la forme de l'œuvre, et de lui enlever son cachet original.

Ce travail exagéré de ciselure provient de ce que l'épreuve, en sortant de la fonte, est couverte de coutures qu'il faut faire disparaître ; et ces coutures proviennent elles-mêmes de ce que, dans *la fonte à pièces rapportées,* — le nom, du reste, l'indique, — la chape ne se fait plus d'un seul mor-

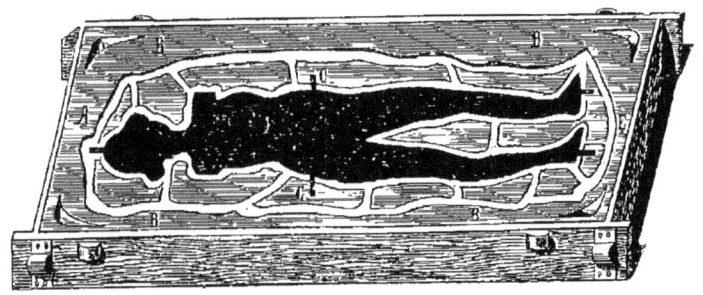

Fig. 20. — Le noyau du *Chanteur florentin* disposé dans le moule en sable

ceau, mais de fragments séparés et réunis après coup. Voici, au surplus, comme on procède.

Si le modèle qu'on se propose de reproduire n'est pas de trop grandes dimensions, on le prend et on le couche sur un lit abondant de terre un peu maigre, convenablement humectée, et par la pression on l'enfonce dans ce lit jusqu'à la moitié de son épaisseur. Puis, ceci fait, on complète la *chape,* en façonnant avec le même *sable,* c'est-à-dire avec cette même terre un peu maigre, une série de pièces s'emboîtant très exactement les unes dans les autres, et, de la sorte, on enferme le modèle dans une enveloppe de terre suffisamment épaisse et parfaitement close. Si le modèle est trop grand, on le divise en plusieurs parties ; c'est ce qu'on nomme *faire des coupes*. On agit de même pour les portions indépendantes, ou qui, très dégagées, s'éloignent trop de la masse principale, et aussi pour celles qui ne sont pas de *dépouille*, c'est-à-dire qui présentent des anfractuosités dans lesquelles il serait malaisé, si la figure demeurait entière, de faire pénétrer les parties contingentes du moule et ensuite de les retirer.

Le moule étant achevé et suffisamment séché, on se sert de lui pour confectionner une épreuve en terre de la statue, ou du fragment que l'on se dispose à fondre. A l'aide de cette épreuve, on constitue le *noyau*, c'est-à-dire que, par un grattage uniforme, on *maigrit* cette épreuve de façon que, replacée dans le moule, elle n'adhère plus à sa paroi intérieure, mais laisse partout autour d'elle un vide régulier d'un ou plusieurs millimètres. Comme dans la fonte à *cire perdue,* ce *noyau* est calé dans la *chape* par une armature qui l'empêche de bouger. Une fois qu'il a été remis en place, le moule est refermé. Puis, placé soit dans une fosse, soit dans un cadre en fer, il est entouré de terre battue et solidement maintenue contre toute pression intérieure ou extérieure. Cela fait, on jette le métal en fusion, et celui-ci, pénétrant dans l'espace laissé vide entre l'intérieur de la *chape* et le *noyau,* habille ce dernier d'une sorte de chemise exactement « collante ».

Cette méthode, moins hasardeuse que la *fonte à cire perdue,* est, nous l'avons dit, assez expéditive pour être devenue commerciale ; il n'en faudrait pas conclure qu'elle ne soit encore délicate et assez compliquée. Non seulement elle exige, pour être menée régulièrement à bonne fin, des praticiens habiles, des spécialistes expérimentés, mais il faut que tous les collaborateurs auxquels on a recours — et ils sont assez nombreux — apportent, dans la part de besogne qui leur incombe, une relative intelligence, beaucoup d'attention et un soin particulier.

Rien, en effet, dans ces sortes d'ouvrages, ne doit ni

ne peut être abandonné au hasard. Le choix de la terre qui sert à confectionner la *chape* et le *noyau*; le degré de sécheresse de ceux-ci, quand ils sont mis en contact avec le métal liquéfié; la parfaite régularité de l'espace vide réservé entre le *noyau* et la *chape;* le soin de pratiquer des *évents* par où l'air puisse s'échapper complètement, au moment où le bronze en fusion pénètre, et de façon à n'avoir à redouter ni explosions ni soufflures; les *chemins* par où le

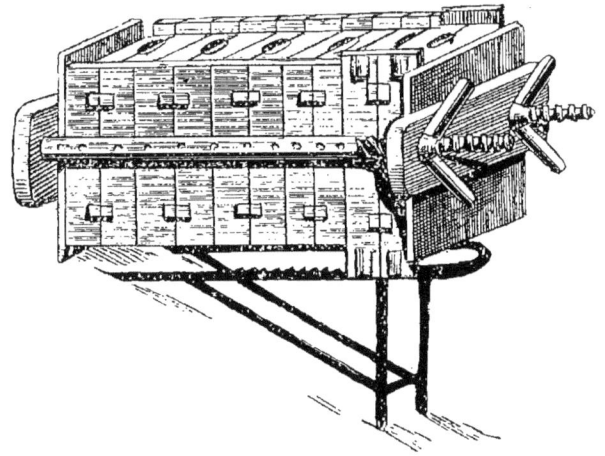

Fig. 21. — Moule dans son armature (vue perspective).

métal peut s'introduire, pour ainsi-dire instantanément, dans les différentes parties du moule et se répandre partout, avant que sa température ait subi un abaissement sensible; ces mille et un détails constituent autant de précautions indispensables à la bonne réussite de l'ouvrage, et desquelles dépendent non seulement la beauté de la pièce, mais même sa suffisante exécution.

Ce n'est point tout: comme, dans ce genre de fonte, on ne peut arriver à cette prodigieuse minceur qu'on obtient grâce à la *cire perdue,* il faut compter sérieusement avec le retrait; aussi prend-on soin de garnir l'intérieur du *noyau* avec ce qu'on appelle des *bougies,* c'est-à-dire avec des mèches enduites de résine et de cire, qui, s'évaporant brusquement au moment où le métal bouillonnant pénètre dans le moule, forment des cavités, des petits couloirs auxquels on donne le nom de *lanternes.* Ces *lanternes,* communiquant à la terre une certaine élasticité, empêchent que celle-ci n'oppose au bronze une résistance exagérée, qui pourrait amener un désastre.

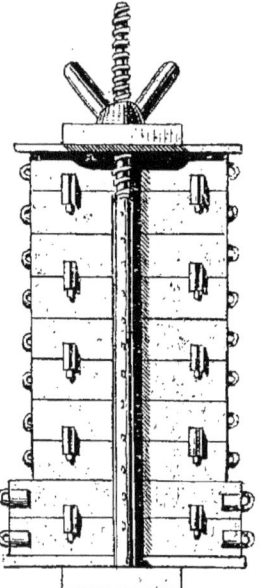

Fig. 22. — Moule dans son armature (vue latérale).

Enfin, pour avoir dit que ce procédé est commercial, il n'en faudrait pas conclure que l'exécution des œuvres d'art, quand on l'emploie, ne revienne pas à un prix relativement élevé. Pour se rendre compte de la dépense occasionnée par chaque fonte, il importe de ne pas oublier que les *moules* et les *noyaux* ne peuvent servir qu'une fois. Le bronze, en effet, n'est point une de ces matières molles et malléables qui respectent l'enveloppe dans laquelle elles sont coulées. C'est une substance terrible qui, en pleine incandescence, vient prendre avec des grondements sourds la place assignée. Aussi, après chaque opération, la *chape* et le *noyau* doivent-ils être détruits, et, pour la fonte suivante, la confection d'une nouvelle *chape* et d'un autre *noyau* s'impose. Or, l'exécution de la *chape* est, à elle seule, si compliquée, si délicate et si longue, que pour une figure simple comme le *David* de Mercié, à la taille de $1^m,25$, il faut une quinzaine de jours de travail, et trois semaines pour une figure de $0^m,80$, plus compliquée, comme par exemple la *Charité* de Dubois. A la taille de $0^m,96$, cette dernière exige un mois pour son entier achèvement.

Jusqu'à présent, dans cette étude rapide des divers procédés de fonte, il n'a été question que de statues, c'est-à-dire d'œuvres d'art d'un caractère très élevé, et dont l'exécution, par conséquent, réclame des précautions spéciales. Pour les bronzes qui concernent d'une façon plus directe l'ameublement, on emploie ce même procédé de la *fonte à*

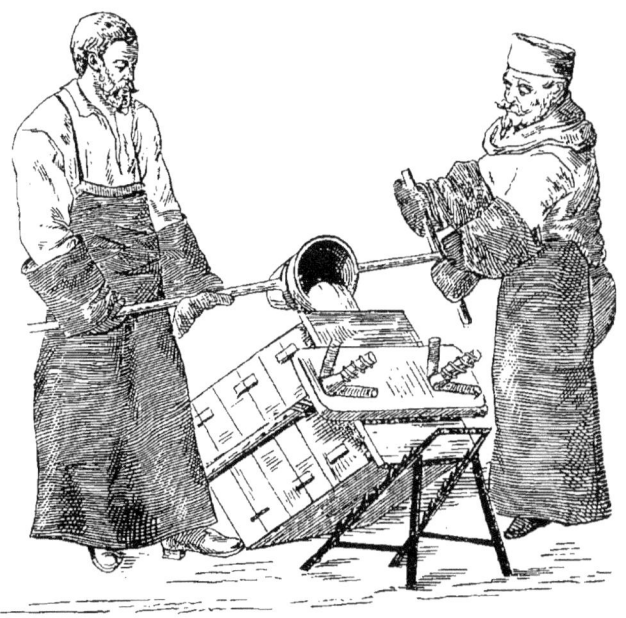

Fig. 23. — Fondeurs versant le bronze en fusion dans le moule.

pièces rapportées, mais sans y apporter, à beaucoup près, des soins aussi grands.

Et d'abord, chaque fois que cela est possible, on facilite le travail en fractionnant la pièce. S'agit-il de confectionner un objet massif, — un chandelier, un candélabre, par exemple, — on commence par diviser le modèle, suivant son développement et sa structure, en fragments indépendants qu'on fond, retouche et achève séparément, et qu'on réunit ensuite par le montage. C'est ainsi qu'un chandelier (voir fig. 31 et 32) se décompose en six pièces distinctes : binet, bobèche, collet du haut, tige, collet du pied et pied. Dans le candélabre, cette dislocation, si l'on peut dire ainsi, se complique de la disjonction des branches, qui elles-mêmes se divisent à leur tour en membres séparés. Pour les objets fondus à *noyau,* comme les vases, on recourt à ces mêmes procédés simplificateurs. Le pied, les anses, les guirlandes, etc., sont traités à part, et cette division, en permettant de simplifier singulièrement le moulage et la fonte, diminue considérablement les frais d'exécution. En outre, dans ces sortes d'ouvrages la ciselure, qui joue un grand rôle, en ajoutant du précieux à l'objet, permet de faire disparaître tous les défauts que produit le plus souvent une fonte hâtive.

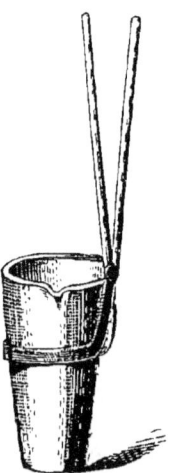

Fig. 24. — Creuset pour verser le métal, avec sa pince.

VII

LA CISELURE

Nous avons dit que le principal inconvénient de la *fonte en sable et à pièces rapportées,* c'est qu'elle exigeait un travail de ciselure assez compliqué, qui (s'il est mal conduit ou exécuté par des artistes insuffisants) peut compromettre le cachet original de l'œuvre, et en altérer la beauté. Il ne faudrait pas toutefois conclure de là, que l'intervention du ciseleur doive être systématiquement dédaignée dans la *fonte à cire perdue.* Quelque procédé qu'on emploie, il s'en faut de beaucoup que la pièce, lorsqu'elle sort de sa *chape,* soit en état d'être soumise au public. Le bouillonnement de la fonte par laquelle il vient de passer, laisse au métal une couleur étrange, mordorée, irisée, souvenir de sa flamboyante fusion qu'il faut faire disparaître. Des scories nitreuses demeurent attachées à sa surface : on les doit enlever. Les *jets* par où le métal a pénétré dans le moule forment des tiges qui demeurent adhérentes à l'ouvrage : il les faut détacher et en effacer la trace. Il est bien rare que l'air, en s'échappant par les *évents,* n'ait pas laissé derrière lui quelque bulle égarée, qui produit un de ces petits creux auxquels on donne le nom de *soufflures.* Parfois même ces *soufflures* sont si nombreuses et si profondes, qu'elles font rejeter la pièce. Quand il n'en existe que quelques-unes, et surtout lorsqu'elles se trouvent en des places peu apparentes, on les bouche en les *taraudant,* c'est-à-dire en pratiquant un pas de vis dans lequel on enfonce un rivet qui, coupé à fleur de métal, limé et martelé habilement, finit par se confondre avec la masse générale. Enfin il convient encore d'atténuer, dans la mesure du possible, les déformations produites par un retrait inégal. Toutes ces opérations constituent un travail délicat, malaisé, mais — ne craignons pas d'insister sur ce point — qui n'est nullement spécial à la *fonte en sable et à pièces rapportées*.

S'il le fallait prouver, la chose ne serait guère difficile. Ces bronzes admirables qui sont la gloire de nos collections et l'honneur du xvi° et du xvii° siècle, quoique exécutés à cire perdue, présentent presque toujours un travail de ciselure considérable. Tous les détails y ont été repris un à un avec un soin spécial. Les contours ont été affermis, précisés; les arêtes avivées, et certains ornements gratifiés de finesses qui ajoutent du précieux à leur élégance première. Les auteurs de ces beaux ouvrages n'hésitaient pas, au surplus, à reconnaître la nécessité de cette intervention du ciseleur, et Benvenuto déclare expressément que l'épiderme du bronze, pour revêtir tout son éclat, doit être repris au ciselet et à la martelline [1]. Mais ces travaux étaient exécutés avec discrétion et à bon escient, sous l'œil de l'artiste, souvent par lui-même, et non pas abandonnés à des artisans expérimentés assurément, mais parfois incapables de saisir la beauté d'une œuvre, et de comprendre la pensée qui a présidé à son exécution. Enfin on n'était pas contraint, par les imperfections du moulage et par le nombre exagéré des coutures, de faire reprendre l'épreuve dans toutes ses parties.

Ce que nous venons de dire suffit à démontrer combien le rôle du ciseleur est important. Dans une circonstance mémorable, M. Barbedienne déclarait que trois ans et demi d'apprentissage ne suffisent pas à apprendre ce délicat métier — on pourrait presque dire cet art — et qu'il faut encore énormément de pratique [2]. Nous ajouterons qu'il faut surtout infiniment de goût.

Dans les menus ouvrages d'or et d'argent, dont nous

---

1. *Mémoires, loco cit.*
2. Voir *Commission d'enquête sur la situation des ouvriers et des industries d'art* (1884), p. 65.

parlons autre part[1], aussi bien que dans les bronzes de décoration et d'ameublement, le ciseleur peut, sans trop

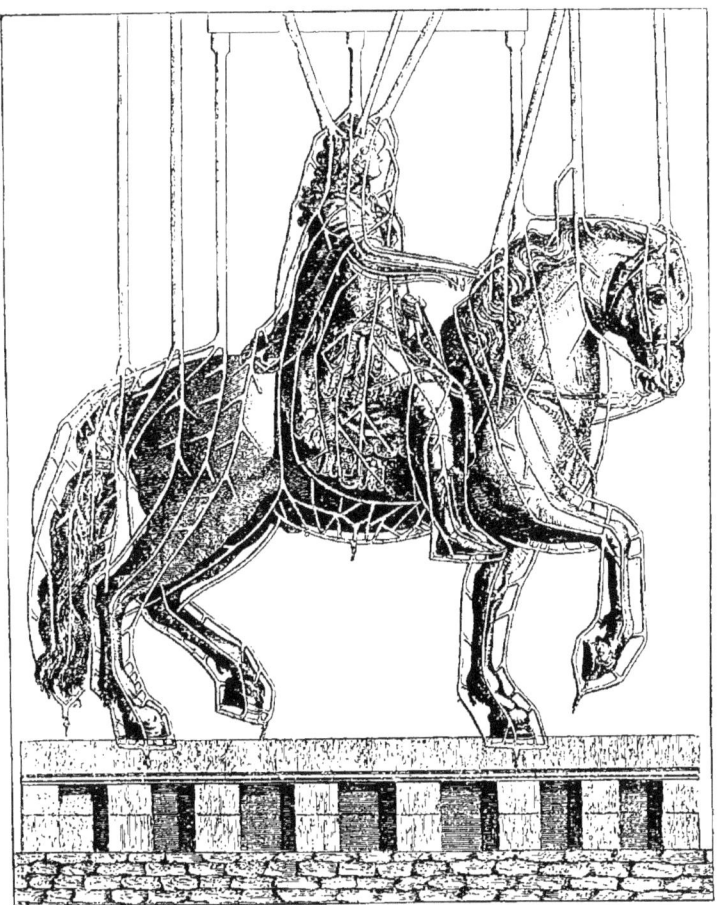

Fig. 25. — La statue de Louis XIV, de Girardon, avec ses jets.

d'inconvénients, donner libre cours à sa virtuosité. Son

---

1. Voir l'*Orfèvrerie*, p. 23 et suiv. Nous donnons dans ce manuel des détails assez précis sur le travail de la ciselure, pour ne pas entrer ici dans des explications qui feraient double emploi.

outil communique au métal des finesses que la fonte lui refuse. Accusant les nervures des feuillages, le moiré des tissus, le duvet et le poil des fourrures, il lui donne cette « fleur d'épiderme » qui lui manquait, et ajoute un certain esprit à la matière. Dans ces travaux de fantaisie, le ciseleur triomphe! Mais, dans l'achèvement des bronzes d'art, sa mission est à la fois singulièrement plus modeste et beaucoup plus relevée. En premier lieu, il lui faut renoncer à toute fantaisie. Serviteur respectueux d'une pensée plus haute, il ne doit en aucun cas empiéter sur les intentions de l'auteur du modèle, et ne rien ajouter de son chef. Il lui faut, au contraire, se pénétrer de l'esprit dans lequel l'œuvre qu'il termine a été conçue, subordonner son talent au devoir d'interprète, et ne jamais chercher à *améliorer* l'intention du statuaire.

Malheureusement, une pareille façon de comprendre sa profession demande une élévation d'esprit, une culture intellectuelle, des connaissances générales, que les artistes de second ordre possèdent trop rarement.

La plupart, au contraire, tirent une certaine vanité de leur savoir-faire. Ils cherchent des effets d'outil, qui leur créent une petite personnalité. Ils arrivent, de cette façon, à posséder une manière spéciale d'arranger les surfaces, d'interpréter un ornement, de rendre un détail. Et finalement, pour mettre ce savoir-faire en relief, ils n'hésitent pas à dénaturer plus ou moins le caractère de l'œuvre qu'ils ont à retoucher, en cherchant à l'embellir par des façons aussi compliquées qu'inutiles.

Ces artisans-là sont désignés par un nom spécial. On les nomme les *ficeleurs*. Plus dangereux encore sont ceux qu'on appelle *abatteurs*. En un tour de main, ils *nettoient* une pièce et donnent à l'ouvrage les apparences d'un achèvement soigné, mais sans aucun rapport avec l'esprit qui a présidé à sa création, ni même avec les exigences les plus élémentaires de la saine et artistique décoration.

Jadis les *ficeleurs* étaient plus nombreux que maintenant. Il y a cinquante ans, leurs procédés de facture avaient un caractère si décidé, qu'il était facile de reconnaître quel

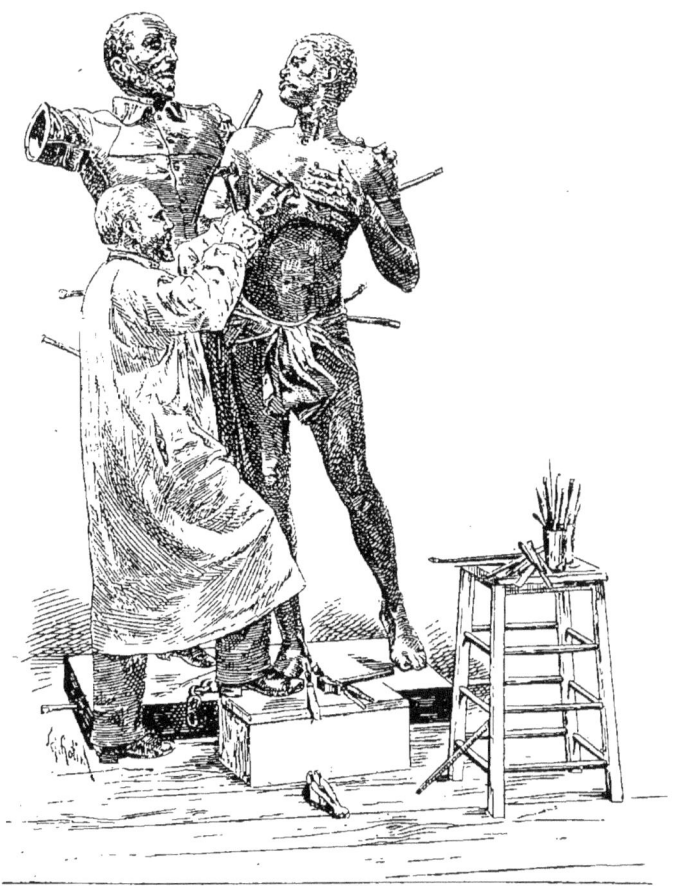

Fig. 26. — Ciseleur reprenant le groupe de Schelcher, par Barrias.

ciseleur avait achevé une pièce. De nos jours, le travail est devenu plus uniforme et plus consciencieux ; mais le nombre des ouvriers assez instruits pour se pénétrer de l'esprit et des qualités esthétiques de l'œuvre qu'ils ont à revoir, est encore trop rare pour que les bronzes réclamant une intervention considérable de la part du ciseleur ne courent pas quelque danger. C'est là ce qui fera toujours

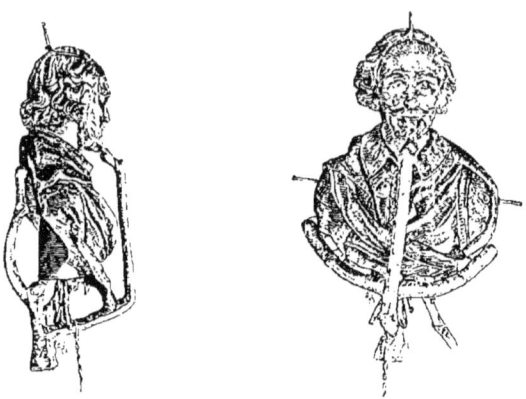

Fig. 27 et 28. — Le buste de Shakespeare sortant de la fonte.

préférer la *fonte à cire perdue* à la *fonte en sable et à pièces rapportées*. Quant aux *abatteurs*, je n'insiste pas. Leur façon de procéder, en effet, n'a rien à démêler avec l'art.

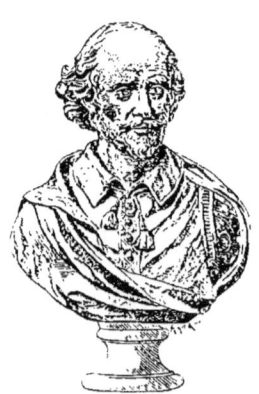

Fig. 29. — Le buste de Shakespeare réparé et ciselé.

VIII

LE MONTAGE ET L'AJUSTAGE

Lorsque le ciseleur a fini de revoir la pièce, de réparer

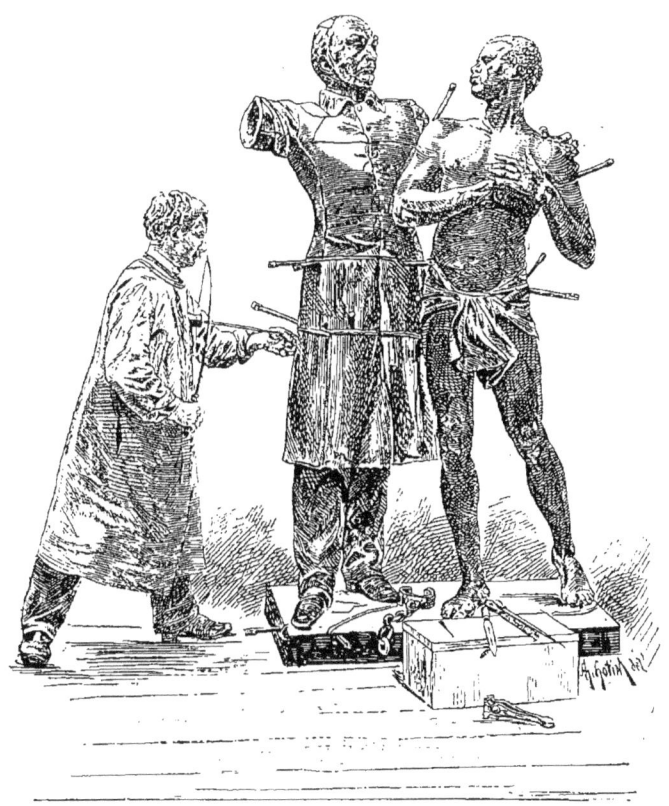

Fig. 30. — Monteur ajustant le groupe de Schelcher.

ses imperfections, de lui donner le fini qu'elle comporte,

elle passe dans l'atelier de montage et d'ajustage, où l'on réunit les divers fragments dont elle se compose.

S'agit-il de bronzes d'ameublement, tels que chandeliers, pendules, coupes, chenets, candélabres, etc., la réunion s'effectue à l'aide de vis, dissimulées autant que possible, ou au moyen d'une tige de fer qui traverse l'ouvrage,

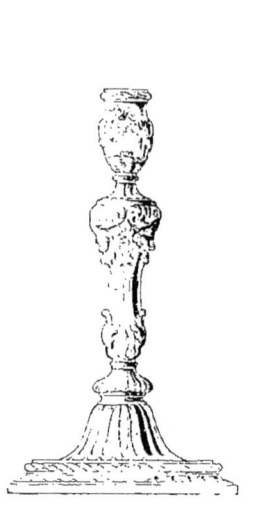
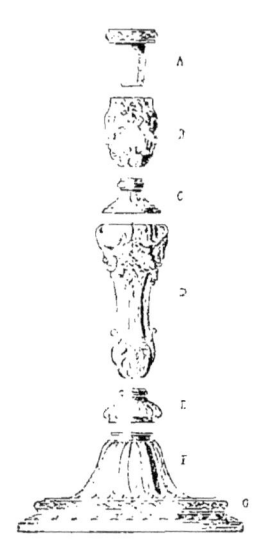

Fig. 31. — Flambeau monté.

Fig. 32. — Diverses parties du flambeau. A, binet. — B, bobèche. — C, collet. — D, tige. — E, collet du pied. — F, pied. — G, suage ou doucine.

(Figures tirées de l'*Orfèvrerie*.)

et que maintiennent deux écrous. Presque jamais on ne recourt à la soudure, à moins que la pièce ne doive être dorée, et encore préfère-t-on l'un des deux modes que nous venons d'indiquer.

Pour les œuvres de la Statuaire, qu'on a divisées à l'aide de *coupes* afin de rendre leur fonte plus facile, on a recours à un emboîtage, que vient consolider un jeu de chevilles ou de rivets traversant l'ouvrage de part en part. Lorsque le fragment a été monté en sa place, on tranche ces chevilles à fleur du bronze, et un travail de martelage les confond si bien avec la matière environnante, qu'elles disparaissent complètement, et qu'il devient impossible de les distinguer. En outre, dans les parties où doivent s'opérer des raccords, on laisse déborder de chaque côté des espèces de bourrelets, qui, sous l'action du marteau et du *riflard,* finissent par opérer une jonction si intime, que l'œil le plus exercé ne saurait découvrir la trace de la section.

Une fois que les pièces, fondues et ciselées, ont été montées et ajustées par des ouvriers spéciaux, on les soumet à un *décapage* qui fait disparaître de leur surface toutes les oxydations, avive le métal, et le prépare à recevoir la patine.

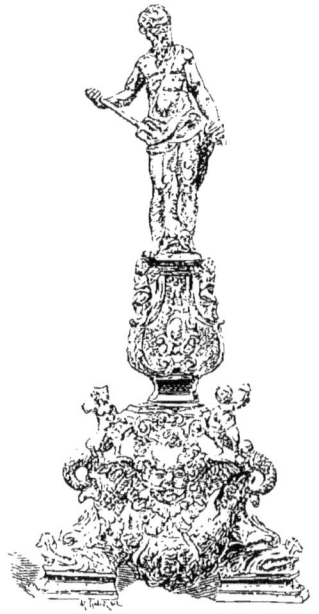

Fig. 33. — Chenet monté à l'aide d'une tige de fer reliant les diverses parties.

IX

LA PATINE

C'est une oxydation naturelle ou artificielle qui, produite par l'action de l'humidité atmosphérique ou par des combinaisons chimiques, colore l'épiderme du bronze des teintes les plus diverses. Comme une des beautés du bronze réside dans la profondeur, la chaleur, la puissance de sa coloration, il est naturel qu'à toutes les époques, les artistes se soient ingéniés à doter leurs ouvrages de patines superbes et répondant au caractère de leur œuvre. Pour cela, il n'est presque pas de moyens auxquels on n'ait eu recours : bains oxydés, peinture, applications au pinceau, fumigations, exposition aux intempéries, séjour au fond de la mer, etc., tous les procédés ont été mis à contribution.

Longtemps, on a procédé par empirisme. Aujourd'hui que la chimie est devenue une sorte de fée merveilleuse, pour laquelle le mot « impossible » est sans signification, on procède scientifiquement. Mais la préoccupation des belles patines n'en sévit pas moins avec intensité. Il n'est point d'atelier où l'on ne soit à l'affût de quelque nuance nouvelle. Grâce à l'électricité, on est parvenu à dérober aux Chinois et aux Japonais leur incomparable palette. On produit désormais, à volonté, des patines rouges, grises, bleues, noires, etc., qui varient à l'infini les ressources du bronzier, mais qui présentent, toutefois, cet inconvénient de faire souvent ressembler le bronze à la terre cuite, au porphyre ou à certains marbres. Or, la première et l'essentielle qualité d'une matière, c'est de garder l'apparence de ce qu'elle est en réalité.

La confection de ces patines curieuses et rares constitue

ordinairement un secret que chaque bronzier, lorsqu'il a découvert quelque effet nouveau, conserve avec un soin jaloux. Nous n'aurons garde de prétendre percer ces grands mystères, d'autant mieux que les détails dans lesquels nous pourrions entrer seraient sans intérêt pratique pour nos lecteurs. Nous nous bornerons donc à quelques généralités.

Par exemple, nous constaterons que, pour revêtir un bronze d'une patine plus ou moins chaude, plus ou moins foncée, deux procédés sont généralement en usage. Le premier consiste dans l'application de vernis, le second dans l'oxydation artificielle.

Le vernis, à l'avantage d'être d'un emploi facile, expéditif, peu coûteux, joint le grand inconvénient d'être assez grossier et peu durable. Si on l'applique au pinceau, celui-ci laisse presque toujours des traces fâcheuses. Si l'on trempe la pièce, on risque de l'empâter, et de voir des gouttes se figer dans les replis et dans les anfractuosités qu'elles bouchent. L'oxydation, au contraire, modifie la surface du métal et, le pénétrant à une certaine profondeur, peut durer éternellement. Légèrement usée en certaines places, elle permet d'obtenir des clairs et des luisants, qui accentuent le modelé et font saillir ou rentrer certaines parties. Enfin les teintes, que, grâce à elle, on peut obtenir presque à l'infini, sont plus nombreuses et variées.

Pour arriver, par l'oxydation, aux patines brunes ordinaires, on plonge la pièce convenablement décapée dans un bain de sulfhydrate d'ammoniaque ; puis on la soumet, à diverses reprises, à un feu doux, en ayant soin, entre chaque chauffe, de la frotter de sanguine, de jaune de chrome ou de noir de fumée, suivant la nuance particulière qu'on veut lui faire prendre. Ensuite on la passe à l'encaustique et, après l'avoir fait convenablement sécher, on la brosse avec soin.

Pour la patine verdâtre, on a recours à l'acide acétique

ou aux sels ammoniacaux. Les préparations arsenicales permettent d'obtenir une patine noire. Pour les patines rouges, on emploie le perchlorure de fer. Enfin la patine brun sombre, dite *florentine,* peut être donnée soit à l'aide d'acide pyrogallique, soit en plongeant la pièce dans un bain d'acide sulfurique où l'on a jeté préalablement de la tournure de fer. Le bain ayant produit son effet, on empâte la pièce d'ocre jaune, on la soumet à un feu doux, on la nettoie, on la passe à l'encaustique, on la fait sécher; et on la frotte jusqu'à ce qu'elle ait pris tout son éclat.

Ces diverses opérations — il n'est guère nécessaire de l'ajouter — varient suivant la qualité du métal, et ne valent que par le dosage des oxydes et par le tour de main.

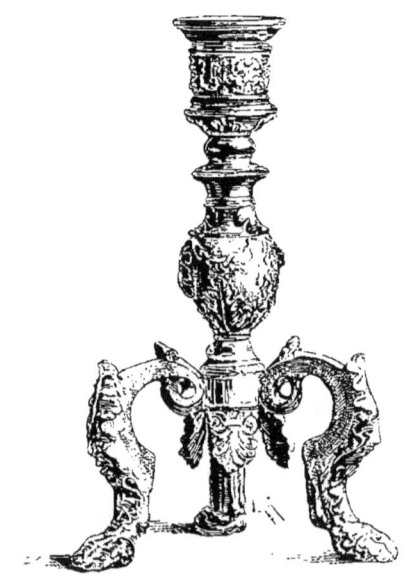

Fig. 34. — Chandelier en bronze ciselé (XVIe siècle).

X

ADAPTATIONS DU BRONZE AU MOBILIER

Nous n'avons, jusqu'à présent, envisagé le traitement du bronze que dans ses applications à des ouvrages spéciaux, indépendants, isolés. Statues ou candélabres, vases ou bustes, groupes ou bassins, nous montrent le métal employé seul et sans association directe ou indirecte avec aucune autre matière. Dans beaucoup de cas, toutefois, il n'en est pas ainsi; et s'il est naturel qu'un nombre assez grand de petits meubles ou d'ustensiles, exigeant une absolue incombustibilité, tels que chenets, grilles, garnitures de foyer, soient confectionnés en bronze; et si l'on en peut dire autant des chandeliers, lustres, candélabres, girandoles; par contre, il est quantité d'autres objets où le bronze ne joue qu'un rôle accessoire, complémentaire, purement décoratif, et qui, cependant, tiennent dans notre mobilier une place importante.

Tout d'abord, c'est à lui qu'on demande la plupart des montures de vases, de lampes, etc. Le grain serré du métal, ses lignes fermes, ses contours précis, son ornementation nerveuse, s'allient admirablement avec la céramique. Ils encadrent à ravir les laques, dont les surfaces lisses, brillantes, offrent une analogie saisissante avec la dureté des surfaces métalliques. Le bronze, en outre, est le compagnon obligé du marbre, et ses reluisances se marient agréablement aux reflets des miroirs et du cristal taillé.

Certes, voilà des adaptations nombreuses et importantes, qui lui ouvrent l'accès de presque toutes les pièces de nos habitations. Depuis le vestibule, dont il fournit la lanterne étincelante, jusqu'au salon et à la chambre à coucher, où il enserre la panse rebondie des vases, en passant par l'escalier, dont la rampe lui a parfois été demandée, il est partout un hôte choyé, mais à condition de garder une attitude réservée et de ne pas sortir du second plan, auquel les convenances de son rôle le condamnent.

La monture d'un vase de porcelaine ou de marbre peut, en effet, revêtir, grâce à la dorure et à la ciselure, les plus dispendieuses façons ; elle doit toujours laisser à la matière qu'elle complète sa prédominante importance. Cette place secondaire du métal est encore bien plus de rigueur quand il s'agit de meubles d'un courant et journalier usage.

Par sa dureté, par sa cohésion, par la rigueur de ses profils, par l'acuité de ses angles, le bronze est d'un commerce âpre, peu facile, et sa constante familiarité est d'autant moins agréable que, sa conductibilité étant relativement considérable, son contact glacé est généralement agaçant. Enfin il ne faut pas oublier sa pesanteur, qui rend peu maniables les meubles confectionnés en bronze massif, et qui oblige à donner aux formes une ténuité, aux contours une maigreur, dont l'œil se trouve souvent désorienté. Cependant, à la rigueur, il peut encore être admis sous les espèces de jardinière, de petite table, de guéridon. Mais sous forme de siège, d'écran, etc., son aspect lisse, son grain serré, jurent toujours avec la trame un peu lâche de l'étoffe qui l'avoisine.

Le mobilier en bronze, cependant, a trouvé à diverses époques d'ardents et convaincus défenseurs. A l'appui de leur thèse, ses partisans ont invoqué l'exemple de l'Antiquité. L'objection est, au fond, plus spécieuse que concluante. S'il est parvenu jusqu'à nous plus de meubles antiques en métal que de meubles en bois, c'est simplement que ces derniers ont été détruits, anéantis par le feu ou la pourriture, par des causes, en un mot, qui respectent le métal. Mais que l'on compare le nombre de sièges et de lits en bronze découverts à Pompéï et à Herculanum, à celui des lampes et des candélabres, dont l'usage a dû rester proportionnel, et l'on reconnaîtra qu'alors comme de nos jours, ce genre de meubles constituait une exception.

Ne pouvant être choisi comme matière principale, le

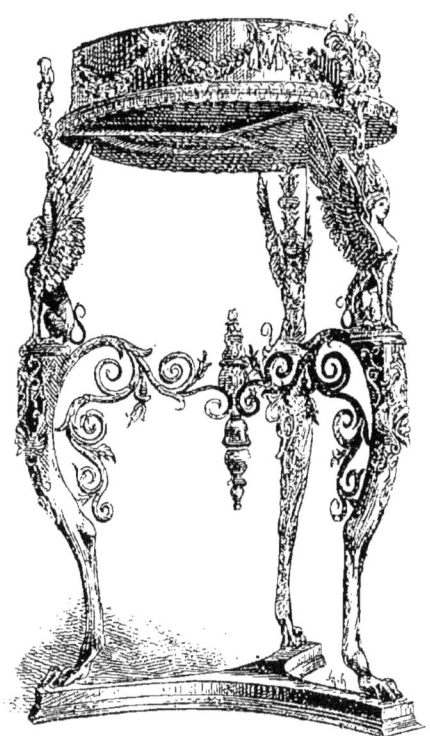

Fig. 35. — Trépied en bronze antique.
(MUSÉE DE NAPLES)

bronze peut, par contre, figurer dans la confection des meubles, à l'état accessoire, mais à la condition d'être employé avec de grandes précautions et une certaine retenue. Le bon sens, en effet, exige qu'on le mêle au bois seulement pour en augmenter l'éclat et en confirmer la solidité. Dans les meubles à panneaux, il a sa place réservée dans la ferrure des portes et peut se développer, sur le nu des battants, en pentures ouvragées. Les poignées des tiroirs, les contre-plaques des serrures, les entrées de clefs, lui

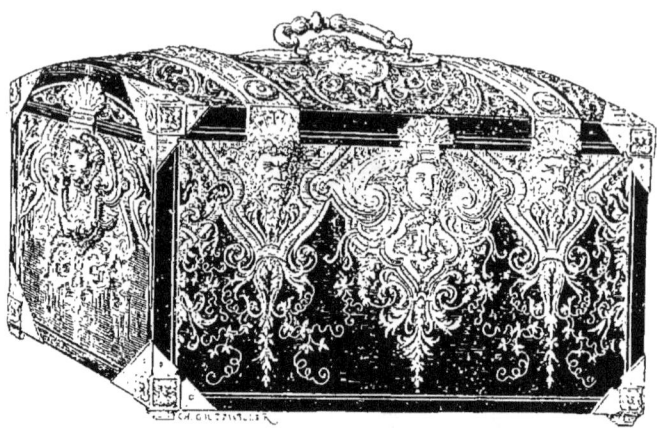

Fig. 36. — Coffre de mariage en marqueterie de Boule, avec application de bronzes dorés.

appartiennent de droit. Il peut en outre se développer en une ornementation brillante, et tenir une place honorable sous forme de pièces de rapport. Frises, cartouches, guirlandes, bas, reliefs, etc., rentrent dans le cadre qui lui est dévolu, mais à condition de conserver un caractère purement décoratif, et d'accompagner l'architecture du meuble sans jamais se substituer à elle.

Alors même que ses reluisances s'harmonisent d'une façon singulière avec les tons chauds de l'acajou, font chanter le bois de rose, ou réveillent les sombres tonalités de l'ébène, il ne doit jamais cesser, ne craignons pas de le redire, de remplir un rôle secondaire et tout de parure. Donner à un meuble de bois des pieds de métal, ou le renforcer de colonnes de bronze, c'est commettre un contresens, c'est faire paraître le principal fragile, en accordant trop de solidité à ce qui est l'accessoire. Mêler au bois le métal par grandes masses, et employer, comme le fit le premier Empire, des sphinx ou des chimères de bronze pour soutenir une console de racine d'orme ou d'acajou, c'est se tromper assurément, car il y a disproportion flagrante entre la robustesse des matériaux employés à la base, et la légèreté spécifique du couronnement.

Comme conclusion, il nous faut retenir que les métaux en général, et le bronze en particulier, ne doivent figurer dans l'ornementation des meubles — si leur présence n'est pas commandée par une nécessité évidente — que comme un bijou dans la toilette. Il leur faut par conséquent conserver un aspect léger, brillant, gracieux, agrémenter les lignes principales, accompagner les formes, sans jamais prétendre les dominer, ou même se confondre avec elles.

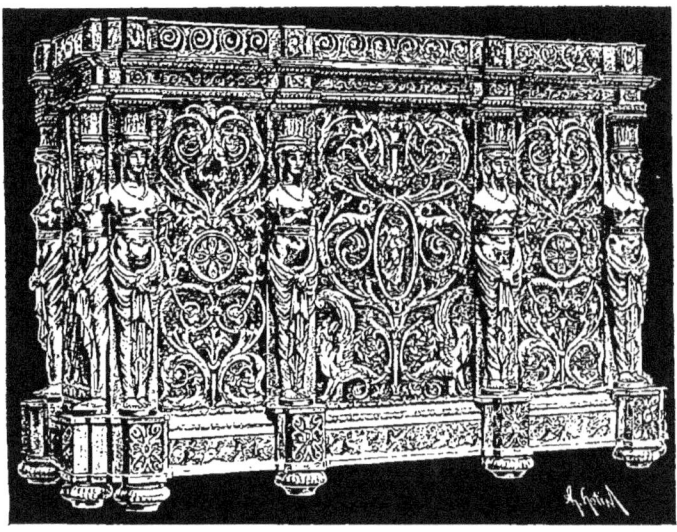

Fig. 37. — Coffret en acajou enrichi de bronzes dorés. — Style Empire.
(PALAIS DE FONTAINEBLEAU.)

LES BRONZES D'ART
ET D'AMEUBLEMENT

DEUXIÈME PARTIE

RÉSUMÉ HISTORIQUE

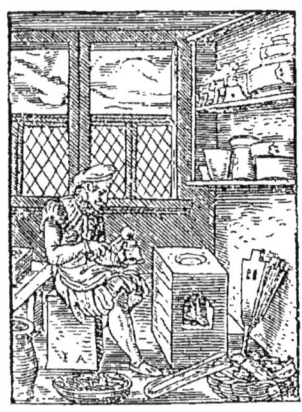

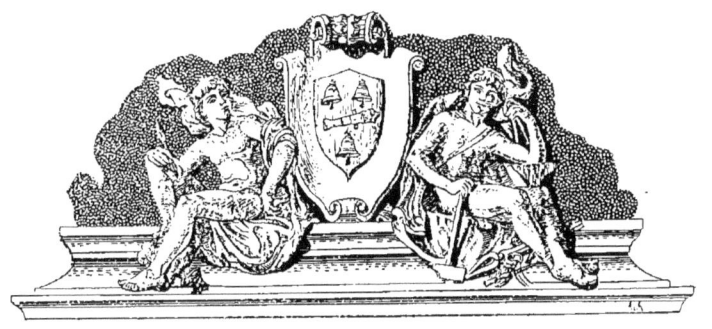

I

LE BRONZE DANS L'ANTIQUITÉ

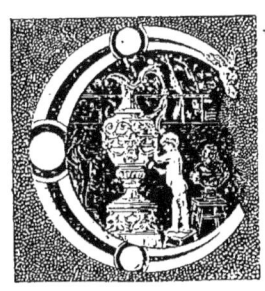'est dans l'exécution des statues de bronze que l'art du métallurgiste atteignit en Grèce, aussi bien qu'à Rome, son maximum de beauté et d'éclat. Les ouvrages superbes de métal qu'Homère décrit : le bouclier d'Achille, œuvre d'un dieu; la magnifique armure d'Agamemnon, aussi bien que l'élégante coupe de Nestor, ou encore le cratère d'argent que le fils de Pelée proposa en prix au vainqueur de la course donnée pour honorer les funérailles de Patrocle; tous ces beaux objets, quoique constituant des morceaux de premier mérite, ne sauraient offrir autant d'intérêt que ces nobles et majestueuses figures dont on prit soin de décorer les autels des dieux et les places publiques.

Mais à ce propos une question se pose. A quelle époque les Grecs commencèrent-ils à modeler, à sculpter, à fondre, à élever des statues? Les commentateurs et les exégètes ont remarqué qu'Homère n'avait jamais employé, en ses écrits, aucun des mots dont les Grecs se servirent plus tard pour désigner ces œuvres d'art. On ne trouve chez lui ni le substantif ἀνδρίας, qui signifie la représentation de l'homme; ni βρέτας, qui s'applique à celle d'un mortel; ni ξόανον, qui (dérivé de ξέω, raboter, polir) a, par extension de sens, servi à spécifier les statues de bois; ni εἰκών, si souvent employé comme équivalent de portrait ou d'ouvrage fait à la ressemblance de quelqu'un. Le seul terme de ce genre qu'on rencontre, aussi bien dans l'*Iliade* que dans l'*Odyssée,* est ἄγαλμα, mais les scoliastes font observer que ce mot a pris très postérieurement à Homère, dans le langage courant, la signification qui nous intéresse. Dans son texte, selon eux, on ne peut guère lui donner que celle de présent.

Cependant les statues étaient connues du temps d'Homère. Il le constate lui-même, dans le passage où il montre le devin Hélénus invitant Hector à aller trouver sa mère, et à lui recommander de se rendre au temple de Minerve, et, une fois là, de déposer « sur les genoux de la déesse à la belle chevelure » le péplum qu'elle croit être le plus riche, le plus beau, celui en un mot auquel elle tient le plus. « Il existait donc, dans le temple de Minerve qui couronnait la citadelle de Troie, remarque à ce propos M. J.-P. Rossignol, une véritable statue de la déesse[1]. » Homère, en outre, dit que Vulcain, lorsqu'il exécuta le bouclier d'Achille, y figura « le dessin varié d'un chœur semblable à celui que jadis, dans la vaste Gnosse, Dédale travailla pour Ariane ». Or personne n'ignore que ce Dédale, donné par le poète pour rival et presque pour modèle à un dieu, fut le grand initiateur des Grecs dans l'art de la Statuaire.

Je dis initiateur et non pas inventeur, car Dédale, paraît-il, était allé apprendre en Égypte la théorie et la prati-

---

1. J.-P. Rossignol, *les Artistes homériques*, p. 314.

que de son art. « Les proportions que les anciens Égyptiens donnaient à leurs statues, écrit Diodore de Sicile, Dédale les observa dans celles qu'il exécuta chez les Grecs. » Il fut cependant un innovateur. Avant lui, si l'on s'en rapporte à l'opinion générale, les statuaires représentaient

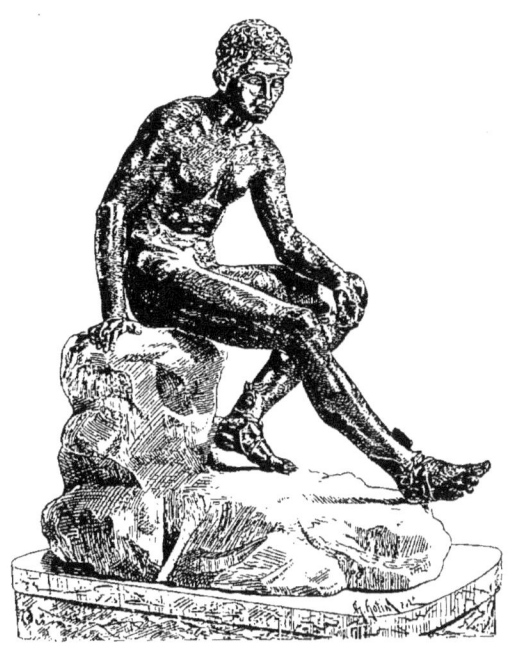

Fig. 41. — *Mercure au repos*, statue en bronze.
(MUSÉE DE NAPLES.)

uniformément tous leurs personnages dans des poses hiératiques et figées, les yeux clos, les mains collées aux cuisses et les jambes reliées l'une à l'autre. Si même on en croit Thémistius, antérieurement à Dédale « non seulement la forme donnée aux Hermès était quadrangulaire, c'est-à-dire qu'elle consistait en une gaine surmontée d'une tête de Mercure, mais c'était encore là la forme de toutes les autres statues ». Et voilà comment notre grand artiste, ayant le premier ouvert les yeux de ses figures, leur ayant détaché les pieds et les bras, « fut à juste titre un sujet d'admiration pour les hommes ». Cette relative animation que Dédale donnait à ses œuvres frappa même tellement l'imagination de ses contemporains, que ceux-ci, toujours au dire de Diodore, prétendirent que les statues sorties de ses mains voyaient et marchaient comme des créatures vivantes, et la tradition finit par s'établir qu'il avait exécuté des figures animées.

En quelle matière étaient les ouvrages de Dédale? On a été amené à penser qu'ils devaient être en bois, non seulement à cause de la liberté de mouvements que cette matière permet de donner à des figures, mais aussi parce que « les Anciens, selon Pausanias, appelaient *dédales* les statues en bois »; et Pausanias ajoute : « Dédale, fils d'Eupalamus, fit le premier des statues des dieux. » Remarquons à ce propos qu'un certain nombre de statuaires grecs portèrent ce même nom, notamment Dédale de Sicyone et Dédale de Bithynie; ce qui n'est pas pour rendre les attributions plus claires.

Quant aux figures de bronze, qui nous intéressent d'une façon plus particulière, la tradition affirme que leur invention doit être réservée à des artistes originaires de Samos : à Rhœcus, fils de Philœus, et à ses deux fils Théodore et Téléclès.

Pausanias dit même expressément que, « les premiers, ils firent fondre l'airain et en fabriquèrent des statues »; mais là encore les obscurités sont grandes; et il faut entendre sans doute que, les premiers, ils eurent l'idée de jeter en bronze des figures creuses; car la fonte de ce métal composé, qui donna son nom à une de nos périodes préhistoriques, est bien antérieure au VIIe siècle avant notre ère, époque à laquelle on place l'existence de nos statuaires samiens. Du reste, le soin que les Grecs prirent de ranger leurs premiers métallurges parmi les êtres surnaturels, de faire des Cyclopes, des Dactyles, des Cabires, des Curètes, les descendants ou les collaborateurs de Vulcain; de les diviniser et de les rendre, dans la Samothrace, l'objet d'un culte assidu et de mystères respectés, attesterait, au besoin, la très haute antiquité de cette importante découverte[1].

Si la Samothrace dut sa grande réputation à l'exploitation, dans un passé fort lointain, d'établissements métallurgiques considérables, Chypre jouit, à ce point de vue, d'une réputation aussi méritée et encore plus générale. C'est de Chypre, en effet, que fut tirée, pendant près de cinq siècles, la majeure partie du bronze dont on eut besoin dans la Grèce et dans l'Asie Mineure, pour les innombrables usages auxquels ce métal s'applique[2]. Quand, 57 ans avant notre ère, les Romains s'emparèrent de l'île, les mines étaient bien loin d'être épuisées. Elles reprirent, au contraire, sous une exploitation intensive, un tel redoublement d'activité, que leurs produits se répandirent dans tout l'Empire, et fournirent même un de ses revenus importants. Dès lors, l'airain de Chypre jouit d'une si grande réputation et si durable[3], que le mot *æs*, qui jusque-là avait été seul en usage pour désigner ce métal et ses alliages, se vit complété par l'adjectif *cyprium* (airain de Chypre), et cet adjectif, plus tard employé substantivement, se transforma en *cuprum* et fournit l'étymologie de notre français « cuivre ».

---

1. De Sainte-Croix, *Recherches sur les mystères*, 2ᵉ édition, t. Iᵉʳ, p. 45. — J.-P. Rossignol, *les Métaux dans l'Antiquité*, p. 61.

2. Une communication récente de M. Morgan à l'Académie des sciences nous a appris qu'on venait de retrouver les mines de cuivre du Sinaï, que les Egyptiens avaient exploitées près de quatre mille ans avant notre ère. Mais ces mines étaient pauvres, et le minerai d'un petit rendement. Elles durent être abandonnées dès qu'on eut découvert en Samothrace et à Chypre des gisements plus riches en métal, et par conséquent d'une exploitation moins coûteuse.

3. Au XVIᵉ siècle, la réputation de *l'airain de Chypre* était encore grande, puisque Jérôme Cardan, dans son livre intitulé *de la Subtilité*, parle de ses qualités avec de grands éloges. (Voir édition de 1566, p. 160, *a*.)

Vouloir, non pas décrire, mais simplement énumérer, d'après les textes si variés qui nous ont été conservés, la quantité de statues grecques et romaines en bronze qui embellissaient les sanctuaires et les places publiques du vieux monde, ce serait refaire l'histoire de la Sculpture, dans sa plus belle et sa plus féconde période, — histoire d'autant plus ingrate, qu'un nombre restreint de spécimens nous ont été conservés. Le bronze, en effet, possédant la propriété de pouvoir se refondre, a été traité presque aussi cruellement que l'or et l'argent[1]; et les formes exquises revêtues par lui ont rarement préservé d'une destruction, en quelque sorte inéluctable, les beaux ouvrages dont il devait assurer l'éternelle durée. Il a fallu quelque événement fortuit, la disparition d'une ville, l'incendie d'un temple, pour que, sous l'amoncellement des décombres, on pût retrouver quelques échantillons de cette merveilleuse Statuaire de métal qui animait les cités antiques. Il a fallu des fouilles laborieuses, comme celles de Delphes, — qui rendaient récemment au jour une belle figure de Pallas-Athéné, — ou l'exhumation de cités ensevelies, comme celle de Pompéï et d'Herculanum, qui a permis de réunir à Naples la plus belle et la plus complète collection de bronzes antiques que l'on puisse contempler.

J'ajouterai que si l'on s'en rapporte exclusivement aux écrivains spéciaux, cette énumération des chefs-d'œuvre anciens est non seulement ingrate, mais encore difficile, car, faute d'explications suffisamment précises et de renseignements certains, on ignore le plus souvent de quelle matière étaient faites ces statues célèbres, dont Pausanias, Hérodote, Pline, Diodore et tant d'autres auteurs parlent avec les plus grands éloges et une admiration sans partage. C'est un peu par hasard que Gitiadas de Lacédémone nous est signalé comme ayant exécuté, durant la XIVe olympiade

---

1. Voir notre volume sur l'*Orfèvrerie*.

(720 ans avant J.-C.), des statues, vases, bas-reliefs et trépieds en bronze. On nous parle également de Théodore de Samos, fils de Téléclès et par conséquent petit-fils de Dédale, qui, digne héritier de ses glorieux ancêtres et leur continuateur, fondit plusieurs statues aux environs de la

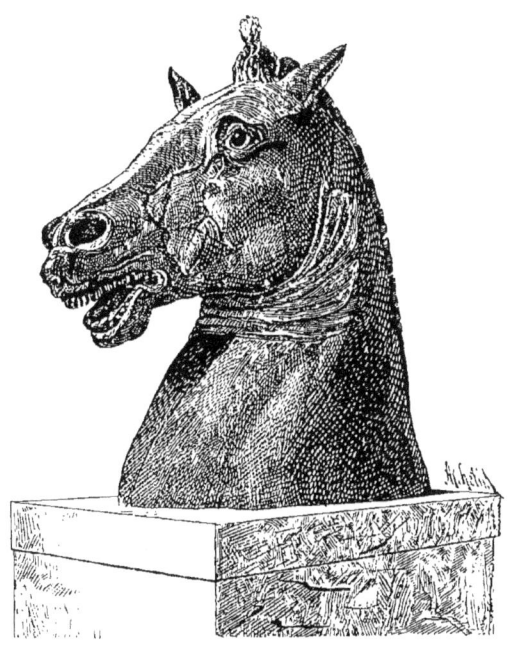

Fig. 42. — Tête colossale de cheval en bronze.
(MUSÉE DE NAPLES.)

XV° olympiade. Après cela, il nous faut sauter à la LXV° (520 ans avant J.-C.), où nous apprenons de Pline, qu'Hégésias exécuta deux statues de Castor et Pollux jugées si belles, qu'après la conquête de la Grèce elles furent transportées à Rome et placées devant le temple de Jupiter Tonnant (*ante ædem Jovis Tonnantis*). Vers le même temps (LXVII° olympiade), Daméas de Crotone jetait en bronze la figure de son compatriote le fameux Milon, et c'est la première que l'on connaisse de ces statues *iconiques,* qui devaient offrir dans chacune de leurs parties « une image parfaitement ressemblante du corps des athlètes [1] ». Puis voici, à la LXXe olympiade (500 ans avant J.-C.), Aristoclès de Cydon qui élève à Olympie le groupe célèbre représentant *Hercule combattant une amazone ;* à la LXXIIe (488 ans avant J.-C.), Glaucias d'Égine qui gratifie Syracuse d'un char conduit par son tyran Gélon ; à la LXXVe (480 ans avant J.-C.), on cite Critias de Nesos, à qui les Athéniens demandent les statues d'Harmodius et d'Aristogiton ; à la LXXVIIIe, Simon d'Égine, Glaucus d'Argos et Dyonisius sont chargés de l'exécution de vingt statues appelées à décorer l'Altis d'Olympie. On leur doit en outre des chevaux de bronze, une figure de Neptune, des bustes d'Homère, d'Hésiode, etc., qui plus tard, enlevés par ordre de Néron, furent transportés à Rome. Vers le même temps, Agéladas d'Argos jette en bronze un quadrige superbe d'allure, ainsi que la statue de Jupiter Ithomate ; et Calamis, qui excellait à représenter les chevaux, acquiert, comme orfèvre, une réputation qui durera jusqu'à la fin de l'Empire romain. Faut-il citer encore Onatas d'Égine, fils de Mycon, à qui l'on dut un Hercule de bronze ; Charès, l'auteur du colosse de Rhodes, et Polyeucte, qui modela et fondit la statue que les Athéniens élevèrent à Démosthènes après sa mort ?

Il est à remarquer que, dans cette hâtive énumération, empruntée en grande partie à un savant travail d'Émeric David [2], on ne trouve mentionnés ni Callimaque, ni Phidias, ni Myron, ni Polyclète, ni Lysippe, ni Praxitèle, ni Cléomènes, c'est-à-dire aucun de ces sculpteurs de génie dont la Grèce, et après elle l'humanité, ont le droit d'être justement orgueilleuses ; et cependant, eux aussi, ils pratiquèrent le bronze, et l'on peut deviner avec quelle maîtrise.

1. Pline, lib. XXXIV, c. ix.
2. *Histoire de la sculpture antique. — Essai de classement chronologique des sculpteurs grecs les plus célèbres,* Paris, 1853.

« Antérieurement aux grands ouvrages d'or et d'ivoire et à côté d'eux, écrit M. Eugène Guillaume, les chefs-d'œuvre des grandes époques de l'art grec sont des figures de bronze : les *Athlètes* d'Ageladas, l'*Apollon* de Carrachus, plus tard les six *Minerves* de Phidias, le *Doriphore* de Polyclète, les animaux de Myron. Les bronzes, bien plus nombreux que les marbres, s'imposent aussi davantage à l'admiration. Ils inspirent les poètes qui croient voir l'airain respirer. S'il fallait en croire Pline, le seul Lysippe aurait produit, dans sa longue carrière, près de quinze cents statues [1]. » Enfin, on a été jusqu'à penser qu'un certain nombre de marbres — et des plus célèbres — n'étaient que la reproduction, la copie de bronzes disparus. Canova le prétendit pour l'*Apollon du Belvédère,* et ne fut pas démenti.

Mais les Romains ne se bornèrent pas à enlever à la Grèce les principaux chefs-d'œuvre de ses statuaires. Ils appelèrent à Rome les plus habiles artistes de l'Hellade; et ceux-ci enrichirent cette ville, devenue la capitale du monde, d'une quantité de statues qui paraît aujourd'hui prodigieuse. Polyclès, fils de Timarchide, Antée, Callistrate, Cléon, Calliclès, Céphis, Daïphron, Démocrite de Sicyone, Apollodore et une foule d'autres sculpteurs grecs exécutèrent pour les patriciens romains, dans les derniers temps de la République, des statues et des bustes en nombre si grand, que « dans leur ville, suivant un dicton répandu, le peuple d'airain n'était pas moins nombreux que le peuple romain [2] ». Un fait, au surplus, fera juger de cette profusion. Marcus Scaurus, bien que simple édile, orna le cirque de trois mille statues de bronze, pour relever la splendeur des jeux qu'il donna au peuple pendant son édilité, et quoique ces fêtes dussent durer seulement six semaines. Ajoutons que les Romains avaient réservé pour leurs fondeurs le

---

1. *La Sculpture en bronze : conférence faite à l'Union centrale des beaux-arts appliqués à l'industrie;* Paris, 1868; p. 15.
2. Savary des Bruslons, *loco cit.*

beau nom de *statuarii*. Une pareille constatation se passe de commentaires.

Malheureusement tout ce peuple d'airain ne survécut pas aux déprédations dont Rome fut victime, et aux invasions barbares qui dévastèrent l'Italie. Les Romains, qui avaient dépouillé la Grèce de ses plus beaux bronzes, subirent à leur tour la peine du talion. Dès que la ville éternelle eut perdu son titre de capitale de l'univers, elle se vit, elle aussi, outrageusement pillée. L'empereur d'Orient Constant fit enlever les ouvrages les plus célèbres, et les fit transporter à Syracuse, où plus tard ils devinrent la proie des Sarrasins. Les chefs-d'œuvre antérieurement évacués sur Constantinople n'eurent pas un sort meilleur. Quant aux rares statues qui demeurèrent à Rome, on sait à quelles vicissitudes elles furent soumises, et à quel heureux hasard un trop petit nombre d'entre elles doivent leur conservation. Pour comprendre cette excessive pénurie succédant à une véritable pléthore, il faut lire les pérégrinations singulières que dut subir la statue équestre et colossale de Marc-Aurèle, avant d'occuper le poste d'honneur qui lui a été finalement assigné devant le Capitole; ou l'histoire de l'Hercule colossal du Vatican, retrouvé dans un souterrain situé sous les murs du palais Ringhetti.

Avec Herculanum et Pompéï, qu'un même cataclysme engloutit avant la visite des barbares, et préserva ainsi de toute profanation, il n'en va plus de même. Leur parure de bronze, retrouvée intacte après dix-huit siècles d'oubli, permet, en effet, de se faire une idée de ce que pouvait être la richesse de Rome, — si tant est que de modestes municipes provinciaux aient jamais été en état de supporter la moindre comparaison avec la reine du vieux monde. — Grâce à cette récolte inopinée, on peut non seulement constater la surprenante quantité d'ouvrages de bronze que renfermaient les villes antiques, mais encore reconnaître que l'art de leurs *statuarii,* c'est-à-dire des fondeurs et des ciseleurs, avait atteint, en Grèce comme en Italie, un degré de perfection qui ne devait pas être dépassé par la suite.

Au nombre, en effet, vient s'ajouter la beauté supérieure du travail. Ces exhumations, qui ont permis de réunir au musée de Naples cent quinze statues et une infinité de bustes et d'objets d'ameublement, ont également fourni les plus remarquables spécimens de bronzes antiques qu'on connaisse. Les statues colossales d'Auguste en Jupiter, de Néron à cheval, de Drusus, de Faustine, d'Antonia, femme de N. Drusus, etc., attestent assez qu'aucune difficulté n'arrêtait ces artistes maîtres de leur art. De ces colosses, il faut rapprocher le *Mercure au repos*, l'*Apollon tenant la lyre*, le *Faune ivre*, le *Silène*, *Bacchus et Ampelos*, le *Faune dormant*, la *Figure de la Fortune*, l'*Amazone à cheval* et les six *Danseuses* qui décoraient le *proscenium* du théâtre d'Herculanum. On a ainsi une idée à peu près exacte de l'exquise délicatesse et de l'incomparable beauté de la Statuaire en bronze au 1er siècle de notre ère; alors que les bustes si justement vantés de *Bérénice*, de *Pla-*

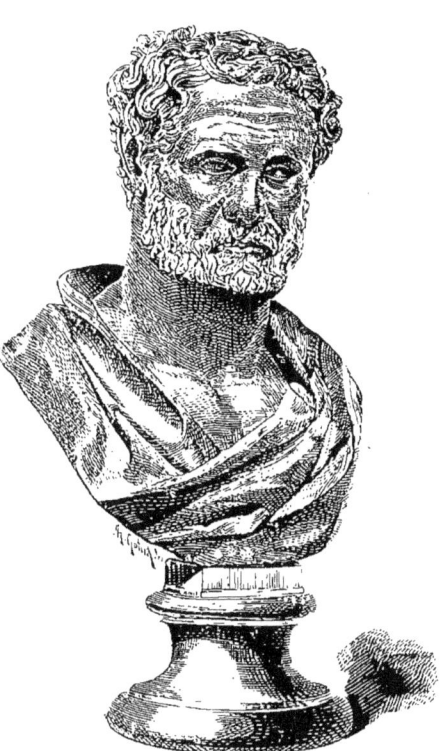

Fig. 43. — Buste en bronze d'Héraclite.
(MUSÉE DE NAPLES.)

ton, de *Sénèque,* de *Démocrite,* de *M. Émilius Lepidus,* d'*Auguste* et de *Livie,* de *Tibère,* d'*Héraclite,* de *Ptolémée Soter,* de *Scipion l'Africain,* d'*Agrippa,* de *Ptolémée Philadelphe,* etc., montrent de quel sentiment de réalité et de vie ces statuaires sans rivaux savaient animer leurs portraits.

Cette abondante moisson ne fait que mieux regretter les merveilles disparues. Si Herculanum et Pompéï incomplètement explorées, recouvertes en partie de lave ou de cendre, ont déjà livré tant de trésors, Naples, l'antique et illustre Parthénope, devait être singulièrement mieux pourvue, étant plus vaste, plus riche et plus peuplée. Or, de tous les bronzes qui furent sa parure, le *Museo Borbonico* n'en conserve plus qu'un, — encore est-ce un fragment, — la tête colossale du cheval qui décorait la place située devant le temple de Neptune[1], et dont le corps fut fondu en 1322 pour faire des cloches! Débris unique, mais qui suffirait, à lui seul, à prouver que les bronziers de ces temps lointains, absolument maîtres de la matière qu'ils mettaient en œuvre, et doués d'un goût tout à fait supérieur, ont droit à notre entière et complète admiration.

J'ajouterai que cette admiration, ils la méritent encore par la hardiesse avec laquelle, dans cet art si spécial, ils n'hésitèrent pas — comme du reste dans leur Statuaire et leur architecture en marbre — à recourir à la polychromie. Exécuter en bronze des bustes polychromes! il y a de quoi faire frémir notre tempérament routinier et faussement classique. On ne connaît guère chez nous, dans ce genre, que les tentatives curieuses de M. Cordier, et certain buste de l'École des Beaux-Arts. Encore ce dernier justifie-t-il toutes nos appréhensions. Les Anciens avaient à la fois moins de scrupule et plus de bonheur. Nombre de leurs statues montrent encore des traces de dorure aux

---

1. Aujourd'hui *piazza di San-Gennaro.*

cheveux et à la barbe ; de rouge aux lèvres ; et des trous
béants à la place d'yeux. Ceux-ci, en effet, étaient souvent
rapportés en matière étrangère, ce qui donnait au visage
un accent de vie très particulier.

« Ces yeux, écrit à ce propos M. Eugène Guillaume,

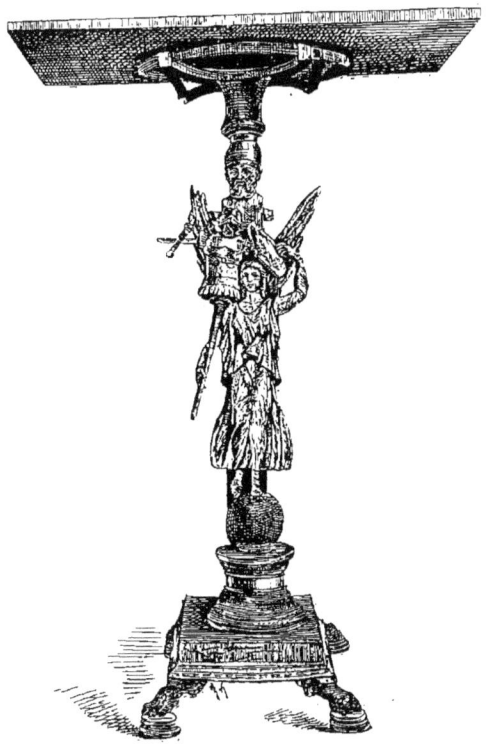

Fig. 44. — Table en bronze. (MUSÉE DE NAPLES.)

rendent le regard bien mieux qu'ils ne représentent l'organe lui-même ; faits de pierre dure, ils ont une puissance
de fixité et d'attraction aussi conforme à la vie supérieure,
qui est celle de l'art, qu'éloignée de la réalité vulgaire. »
Enfin sur les meubles, la vaisselle, les armes, on relève des
traces d'incrustations d'argent et d'or. Et, puisque nous

parlons des objets d'ameublement, comment ne pas mentionner ces sièges, ces candélabres, ces lampes, ces balances montées, ces pieds de table d'une exécution si remarquable, et dans lesquels on ne sait ce qu'on doit le plus admirer, ou de leur élégance charmante, ou de ces raffinements d'exécution démontrant avec la dernière évidence que les bronziers, alors, ne reculaient devant aucune difficulté dans la pratique de leur art?

Cette pratique supérieure du bronze demeura en honneur à Rome et dans l'Italie jusqu'à la séparation complète et définitive des deux Empires. En 453, le pape saint Léon, après avoir délivré la Péninsule des fureurs d'Attila, fit exécuter le *Saint Pierre* qui, de nos jours, dans l'église du Vatican, est encore l'objet d'une vénération spéciale. Au dire d'Émeric David[1], les ouvrages de bronze dont Justinien enrichit la ville éternelle auraient été innombrables. On sait, en outre, que ce prince éleva dans le *Forum Augusteum* une colonne revêtue de bas-reliefs de bronze, sur laquelle il fit placer sa statue de même métal, statue équestre et colossale.

Avant cela, l'art merveilleux des *statuarii* romains avait franchi les Alpes et pénétré dans la Gaule chevelue. Non seulement ces habiles fondeurs étaient venus exécuter, pour les municipes transalpins, des statues de proconsuls et de gouverneurs, mais, par une réciprocité assez inattendue, on avait pu voir un statuaire gaulois mandé à Rome pour jeter en bronze la figure colossale d'un empereur. Malgré son nom grec, en effet, on prétend que Zénodore naquit en Auvergne. En tout cas, il s'était rendu assez célèbre par l'exécution dans ce pays d'une énorme statue de *Mercure*, pour que sa réputation ait décidé Néron à l'appeler à Rome[2], afin d'embellir la ville éternelle d'un

---

1. *Classement chronologique des statuaires grecs*, p. 63.
2. Pline rapporte que Zénodore travailla à son *Mercure* pendant dix ans, et que sa statue revenait à 40,000,000 de sesterces, soit environ

nouveau colosse, chargé de transmettre ses traits à la postérité la plus reculée.

Cette seconde statue de Zénodore mesurait, suivant Pline, 110 pieds de hauteur, et 120 si l'on en croit Suétone. Ajoutons qu'il convient de porter à l'actif de nos artistes nationaux, indépendamment de cette image de Néron, une foule de statues, de bustes et de statuettes, retrouvés depuis un siècle sur notre sol : le *Jupiter* du Vieil-Évreux, l'*Apollon* de Lillebonne, les bustes d'Auguste et de Livie découverts à Neuilly-le-Réal (Allier), celui d'Octavie trouvé à Lyon, la statuette d'Annecy, et vingt autres qui décorent, au Louvre, une salle spéciale, montrent assez que les Gallo-Romains excellèrent, eux aussi, dans la mise en œuvre du bronze.

9 millions de nos francs. La réputation que notre statuaire acquit par ce travail le fit mander à Rome par Néron : *Postquam satis ibi artem approbaverat, Romam accitus est a Nerone.* (PLINE, lib. XXXIV, c. XVII.) C'est cette phrase qui a fait supposer que Zénodore était né de ce côté des Alpes.

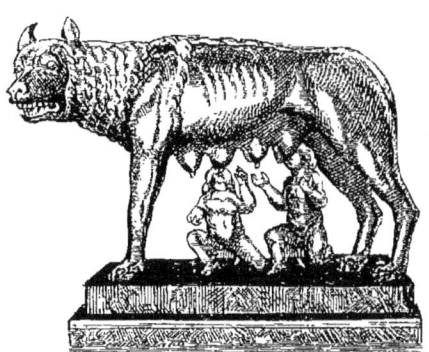

Fig. 45. — Romulus et Remus allaités par la louve, groupe en bronze.
(MUSÉE DU VATICAN.)

II

LE MOYEN AGE

Avec l'invasion des Francs et des Burgondes, l'art du bronzier tend à disparaître de la Gaule; ou du moins il renonce à ces majestueux ouvrages qui avaient fait sa grandeur et sa gloire, pour se limiter à la création d'objets de parure ou à des travaux de pure utilité. La raison de cette rapide décadence se découvre aisément. Le faste excessif introduit par les patriciens de Rome dans leurs usages domestiques, et porté par la cour de Byzance à un point inconnu jusque-là, revêtit, en s'acclimatant chez les rois barbares, — hier encore ignorants de ces splendeurs, — un caractère plus insolent, s'il est possible, de richesse exagérée et d'opulence débordante. Pour ces yeux fermés au charme de l'Art, pour ces intelligences demeurées obtuses, la perfection de la forme était peu de chose, si la valeur intrinsèque ne venait, en même temps, attester le prix de l'œuvre. Le bronze dès lors se vit dédaigné. Seuls l'or et l'argent furent jugés dignes de parer les autels et la demeure des Grands, d'embellir les palais et les sanctuaires.

Voilà pourquoi, dès le règne de Clotaire et celui de Dagobert II, les orfèvres priment les bronziers et les relèguent à un rang tout à fait subalterne. Toutes les belles décorations dont il est fait mention par les historiens sont, à partir de cette époque, exécutées en métal précieux. Conséquence forcée de cette recherche outrancière de la splendeur, la forme humaine, méconnue dans sa sereine beauté, incomprise, dédaignée, s'efface et disparaît d'autant plus facilement de ces coûteux ouvrages, que le Christianisme militant retrouve, en ces représentations, l'image de divinités proscrites, rappelant une religion abhorrée. Dès lors le culte du Beau, si cher au paganisme, est de fait aboli ; il ne reste plus de place que pour celui de la magnificence ; et les *statuarii* sont désignés désormais sous les noms de *fusarii* et de *fusores*. Leur qualification ne découle plus de la nature élevée de leurs œuvres ; elle dérive de leurs procédés de fabrication.

C'est du moins ce nom (*fusarii*) qu'on leur donne dans les monastères, où la main-d'œuvre artistique se réfugie en ces temps si douloureusement troublés. C'est celui sous lequel on les désigne à l'abbaye de Saint-Gall, où des ateliers spéciaux leur sont réservés ; dans le couvent que saint Adalhard établit à Corbies dans la Saxe, et dans ceux de Richenaw et de Solignac. Suger les convoque à concourir à l'embellissement de Saint-Denis, et, les

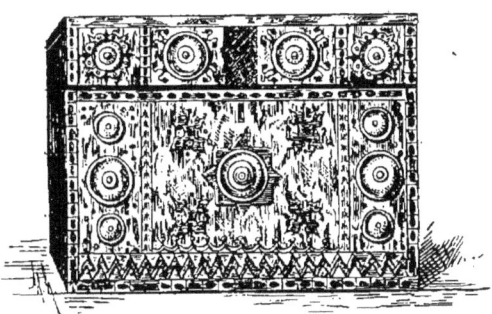

Fig. 46. — Coffret mérovingien en bronze, trouvé à Envermeu.
(MUSÉE DE ROUEN.)

qualifiant de *fusores,* les assimile, dans son énumération, aux *fabri ferrarii,* c'est-à-dire aux modestes forgerons façonnant le fer.

On voit que si la pratique de certains arts parvint à se conserver, à se perpétuer à l'intérieur des couvents, — qui furent en ces temps calamiteux leur dernier et suprême asile, — le caractère artistique de la fonte en bronze alla s'atténuant progressivement, au point de disparaître presque complètement durant cette sombre période qu'on désigne sous le nom assez vague de Moyen Age.

Même au delà de la date néfaste de « l'an mille », quand l'humanité commença à se ressaisir, les seuls ouvrages importants de bronze ou de laiton qui nous sont signalés par les historiens et les chroniqueurs, consistent bien moins en belles et gracieuses statues, qu'en travaux d'ornementation ou en meubles d'église. Encore faut-il remarquer que presque tous sont argentés ou dorés, comme si le bronze était jugé trop vulgaire pour qu'on le laissât voir. Nous savons par Marlot[1] que l'abbé Airard ayant, en 1005, fait reconstruire Saint-Remi, y fit transporter un candélabre de bronze de dix-huit pieds de haut « qui était orné de figures d'oiseaux et d'autres emblèmes ». Nous savons également que, vers 1030, Richard, abbé de Saint-Viton, fit exécuter en bronze un dôme d'autel, soutenu par des colonnes, et un lutrin doré. Suger cite, dans le livre qu'il consacre à son Administration, une porte de bronze offerte à son église par le moine Airard, porte qui de son temps était déjà qualifiée « ancienne » et vraisemblablement remontait au xe siècle[2]. Le seul grand ouvrage de bronze, relevant de la Statuaire, que nous rencontrons en France avant le XIIIe siècle, est le tombeau élevé dans l'église Saint-Étienne de Troyes à Henri Ier, comte de Champagne. Ce mausolée, qui fut achevé en 1180, était haut d'environ trois pieds, et entouré de quarante-quatre colonnes en bronze doré. « Au-dessus, on voyait une table d'argent sur laquelle étaient couchées la statue du prince et celle d'un de ses fils, toutes deux en bronze doré et grandes comme nature. Entre les arcades que soutenaient les colonnes, étaient des bas-reliefs également en argent et en bronze doré, représentant Jésus, des anges, des prophètes et des saints[3]. »

C'était là une œuvre assurément magnifique, mais tout

---

1. *Metrop. Remensis Historia*, t. Ier, p. 342.
2. D'Achery et Mabillon, *Actes des bénédictins*, t. III, p. 541. — Suger, *de Administratione sua*, ch. XXVII.
3. Baugier, *Mém. hist. de la province de Champagne*, t. Ier, p. 153. — E. David, *Tabl. hist. de la sculpture française*, p. 17.

à fait exceptionnelle. Elle avait été exécutée, sans doute, par quelque grand artiste venu d'Italie ou de Byzance, car, par deux livres singulièrement précieux à consulter, nous

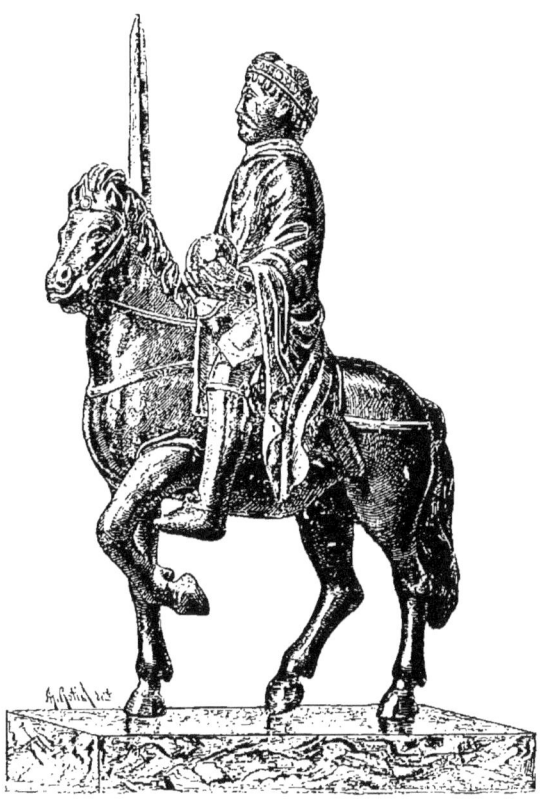

Fig. 47. — L'empereur Charlemagne, statuette en bronze du XIIIe siècle.
(MUSÉE CARNAVALET.)

savons à quels menus ouvrages, les travaux des *fusarii* ou des *fusores* étaient limités, aussi bien dans les cités où les artisans laïques étaient groupés par métiers, qu'à l'intérieur des cloîtres.

Le premier de ces deux livres est l'*Essai sur divers arts*

du moine et prêtre Théophile[1]. C'est une espèce de manuel où sont recueillis, avec un soin tout particulier et une précision rare, les recettes et les procédés employés dans l'exercice des différentes professions pratiquées dans les monastères. Grâce à ces recueils qui permettaient de transmettre, de génération en génération, une habileté technique dont la Communauté tirait à la fois profit et honneur, les traditions pouvaient se maintenir à peu près intactes. Dans quel couvent le moine et prêtre Théophile put-il réunir les éléments de sa précieuse *Schedula?* A quelle époque exacte écrivait-il? Ces deux points, fort controversés, sont demeurés, en dépit de savantes discussions, enveloppés d'une ombre épaisse. Résumant les opinions émises, nous avons établi autre part[2] que, très vraisemblablement, notre bon religieux vivait à la fin du XIIe ou au commencement du XIIIe siècle, et que, non moins vraisemblablement, il ne s'était pas contenté de codifier les formules usitées dans un seul monastère, mais qu'il avait fait de larges emprunts au dehors, allant voir travailler les ouvriers de divers pays, enregistrant les résultats de ses observations, avec une netteté et une abondance de détails telles, qu'on a pu prétendre parfois qu'il avait dû lui-même mettre la main à l'œuvre.

Eh bien, dans ce précieux recueil, où trente et quelques chapitres sont consacrés à la mise en œuvre de l'or et de l'argent, et à la fabrication des pièces d'orfèvrerie, il n'en est que cinq concernant la fonte des objets en bronze; et sur ces cinq chapitres, quatre sont absorbés par le traitement des minerais de cuivre, la construction du fourneau, la fabrication des cornues, la constitution des alliages. Un seul nous enseigne comment il faut s'y prendre pour fondre un encensoir! Ajoutons que dans ce chapitre, techni-

---

1. *Theophili presbyterii et monachi libri III, seu diversarum artium schedula*, traduit et publié par M. Ch. de L'Escalopier; Paris, 1843.
2. *Histoire de l'orfèvrerie française;* Paris, Quantin, 1896; p. 132.

quement fort complet[1], où l'auteur décrit la façon de former le noyau ; de le revêtir d'une couche de cire, dans laquelle on modèle la décoration ; d'envelopper le tout d'une chape ; de consolider cette chape après avoir fait écouler la cire par les évents ; de verser ensuite le métal, de le laisser refroidir, de le décaper et de réparer au besoin les défectuosités que peut présenter la fonte ; il n'est même pas dit qu'on puisse employer des procédés identiques pour exécuter d'autres objets mobiliers. En sorte que, de l'interprétation plutôt étroite de ce texte, il pourrait résulter cette conviction, que le talent des *fusarii* se bornait, dans les établissements religieux, à confectionner des encensoirs[2].

Avec notre second livre, ce domaine s'étend quelque peu. Ce nouveau texte, c'est le *Livre des métiers* d'Étienne Boileau[3]. Il contient, on le sait, les Statuts de toutes les Communautés d'arts et métiers de Paris, tels qu'ils furent enregistrés — sous le règne de saint Louis et sur l'ordre de ce prince — par le prévôt des marchands. Ce recueil, d'un prix inestimable, consacre un certain nombre de « titres » aux artisans qui, au XIIIe siècle, travaillaient le bronze et avaient le droit exclusif de le mettre en œuvre. Le premier (titre XLI) concerne les fondeurs et mouleurs, et s'empresse d'ajouter que cette Communauté comprend tous ceux qui « font boucles, mordans, fermaux et aneaux » en archal et en cuivre. D'autres ouvrages, il n'en est pas question d'une façon spéciale, si ce n'est des sceaux ; mais, d'une manière générale, il est ajouté que les Maîtres peuvent s'occuper de quelques petits travaux (« autre menue œuvre ») exécutés pareillement en cuivre ou en archal. Le chapitre sui-

1. *Op. cit.*, lib. III, c. LX, *de Thuribulo fusili*.
2. M. Viollet-le-Duc, avec beaucoup d'ingéniosité, s'est appliqué à donner un corps aux descriptions techniques du moine-prêtre Théophile et à reconstituer l'encensoir dont celui-ci décrit la fabrication. Voir *Ann. archéolog.*, t. VIII, p. 96.
3. René de Lespinasse et François Bonnardot, *les Métiers et Corporations de la ville de Paris*, p. 79 et 84.

vant (titre XLII) concerne les « fermailliers de laiton », dont l'activité se bornait à la confection des fermoirs de livres. Enfin le titre XLV traite des « lampiers », qui avaient le privilège de fondre les lampes et chandeliers de cuivre.

On voit ce qu'était devenue cette profession jadis si importante, si puissante, si honorée, si artistique, et à quels travaux modestes son activité se bornait au XII° et au XIII° siècle. Ce désintéressement des grands ouvrages de métal, cet abandon complet de l'exécution des statues en bronze, est d'autant plus surprenant que partout, à cette époque, les corporations des *ymagiers*, chargés de sculpter, en bois et en pierre, les innombrables représentations humaines de toutes tailles et de tout caractère, qui embellissaient les édifices civils et religieux, nous apparaissent particulièrement nombreuses et des plus occupées.

Comme le constate fort justement Mérimée[1] : « A ce moment la sculpture, longtemps abandonnée, reparaît, et joue même un rôle considérable dans la décoration. Des statues, souvent colossales, des bas-reliefs, garnissent les parois et les tympans des portails... Souvent même les façades présentent des suites de niches, qui n'ont d'autre but que de servir d'encadrement à des figures de ronde bosse ou de bas-relief. » A l'intérieur, la prodigalité n'est pas moins grande. Partout les statues se multiplient, s'accrochent aux murs, enveloppent les chapiteaux, se greffent aux intrados des baies, dominent les autels, ou, les mains jointes et les yeux clos, reposent doucement sur les sépultures. Par leur nombre et par leurs attitudes peu édifiantes parfois, elles justifient, dans une certaine mesure, les sévères objurgations de saint Bernard : « Dans les cloîtres, et devant les frères occupés à lire, s'écriait le fougueux réformateur, que font ces étonnantes monstruosités, ces laides beautés, ces belles laideurs? Que font là ces

---

1. Mérimée, *Études sur les arts au Moyen Age*, p. 18.

singes immondes, ces lions sauvages,... ces soldats combattants, ces chasseurs jouant de la trompe?... Une si grande, une si étonnante variété de formes apparaît, qu'il est plus agréable de lire les sculptures que les livres[1]. »

Pourquoi les anciens *statuarii* ne sont-ils pas appelés à concourir à cette débordante décoration? Peut-être à cause du prix relativement élevé du bronze, qui, s'il n'était pas jugé digne de figurer dans les trésors des églises et des rois, paraissait beaucoup trop coûteux pour être immobilisé en de très grands ouvrages, devenant par destination de véritables immeubles. Peut-être pour d'autres raisons qui nous échappent. En tout cas, il est à remarquer que les deux matières « statuaires » par excellence, le marbre et le bronze, ont presque toujours été négligées par le Moyen Age; soit qu'elles lui fissent défaut; soit parce qu'elles se prêtaient mal à une passion du temps : nous voulons parler de la polychromie.

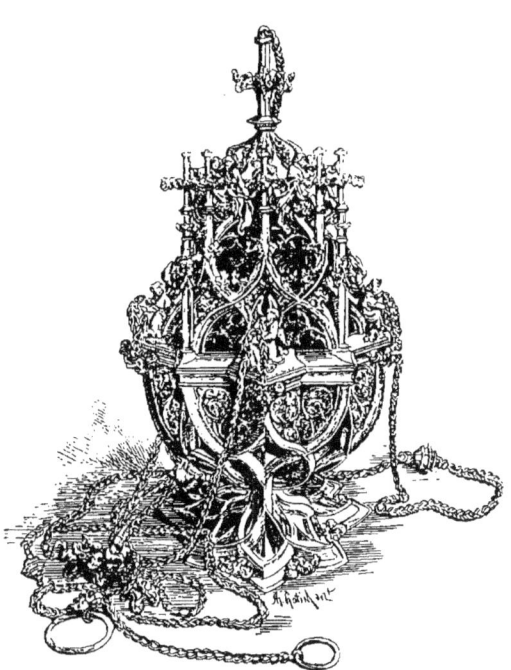

Fig. 48. — Encensoir en bronze doré (xve siècle).

Toute cette longue période qui s'étend du xe siècle au xvie, en effet, fut éprise de polychromie, non pas réservée,

1. Migne, *Patrologie*, t. CLXXXII, col. 194 et suiv.

discrète, comme celle pratiquée dans l'Antiquité, mais éclatante et un peu sauvage. Le besoin de tout embellir de couleurs voyantes s'étendit jusqu'aux murs extérieurs de nos cathédrales ; et l'usage de peindre les statues fut alors si général, que l'on distingua pendant longtemps les tableaux sous le nom de *plate-peinture*, pour qu'ils ne fussent pas confondus avec les images peintes et dorées.

Ce n'est ni le lieu ni le temps de discuter, avec Émeric David, pour décider si ce procédé « de colorer la sculpture pour lui communiquer une apparence plus trompeuse du vrai », est une « vicieuse pratique qui manque totalement son but, et ne manifeste que son ignorance[1] ». Nous nous bornerons à remarquer que le bronze, s'il se prête à quelques adjonctions savantes, n'accepte pas volontiers ce badigeonnage de couleurs. Aussi accordait-on la préférence à la pierre et au bois, pour représenter « non seulement les rois, mais encore Dieu et les Saints, en des vêtements magnifiques où sont prodiguées les broderies et les perles ».

Ce qui donnerait même une certaine force à cette dernière hypothèse, c'est que, dès cette époque, le bronze commença à être employé dans les églises, pour la confection de tombes plates, gravées d'un trait noir, et dont certaines furent émaillées[2].

Néanmoins, et comme il n'est pas de règle absolue, en compulsant avec soin les écrits des historiens et des chroniqueurs, on constate, à partir du XIIIᵉ siècle, l'existence, dans certaines églises, d'un petit nombre de tombes surmontées de statues en bronze. En 1208, on consacra, dans Notre-Dame de Paris, un tombeau à l'évêque Eudes de Sully, où celui-ci, au dire de Dubreul[3], était représenté « en cuivre et en bosse ». En 1220, on exécuta à Amiens, en l'honneur

---

1. *Tableau historique de la sculpture française*, p. 94.
2. Voir, dans notre *Histoire de l'orfèvrerie française*, le chapitre consacré à l'*Émaillerie*, où il est longuement parlé de ces tombes.
3. Dubreul, *Antiquités de Paris*, p. 11.

de l'évêque Évrard, qui venait de poser les fondations de la nouvelle église, un « gisant » également en bronze, « tout de son long, relevé en bosse[1] ». Lorsque Blanche de Castille mourut, en 1253, le tombeau dans lequel elle fut inhumée à l'abbaye de Maubuisson, était recouvert d'une lame de bronze, surmontée d'une statue de même métal[2]. Agnès de Baudemont, comtesse de Champagne, mariée à Robert, comte de Dreux et fils de Louis le Gros, fit construire l'église Saint-Yves pour servir de sépulture à ses descendants et à elle-même; et cette église se trouva enrichie, par la suite, de plusieurs statues en bronze, qui furent en 1650 enlevées par les Espagnols. Dans le nombre, nous citerons celle de Robert II, fils d'Agnès, mort en 1218, que ce prince fit exécuter de son vivant, en grandeur naturelle; celle de Pierre Maucler, fils de Robert II (1238), qui reposait tout armé sur une dalle funèbre; les deux mausolées de Jean Ier et de sa femme Marie de Bourbon, qui, outre deux « gisants » en bronze, comptaient de nombreuses statuettes de même métal, représentant des princes et princesses de sa famille; et enfin celui de Robert IV, fils de Jean et de Marie (1282), qui, figuré *au naturel,* tenait de sa main droite l'épée et de la gauche un écu aux armes de Dreux et de Braine[3].

Au siècle suivant, nous relevons encore (1302) le monument funèbre élevé dans la cathédrale d'Amiens à l'évêque Guillaume de Mâcon, et couronné par une statue de bronze représentant le prélat en habits pontificaux[4]. Nous notons également le mausolée érigé, en 1355, à Humbert dauphin de Viennois, dans l'église des Jacobins, et dont Millin nous a conservé une image. Sur ce mausolée le défunt était figuré

---

1. De la Morlière, *Antiquités d'Amiens,* p. 198.
2. Lebeuf, *Hist. du diocèse et de la ville de Paris,* t. IV, p. 189.
3. De Laborde, *Voyage pittoresque de la France : Isle de France,* p. 84, 85, 86. — Martenne, *Voyage littéraire de la France,* p. 26-28.
4. De la Morlière, *Antiquités d'Amiens,* p. 210.

également en grandeur naturelle, mais en bas-relief seulement [1].

Aux dernières années du xive siècle, ces sépultures où le bronze jouait un rôle important deviennent d'un usage plus général, puisque, réservées jusque-là aux princes et aux grands du monde, on les voit désormais recouvrir la dépouille de simples particuliers. C'est ainsi qu'en 1394, Simon de Dammartin, valet de chambre du roi, se fit élever un monument de ce genre dans l'église Saint-Jacques la Boucherie. Enfin signalons encore, au xve siècle, d'importants ouvrages exécutés à Notre-Dame de Paris, et qui semblent marquer un réveil de la Statuaire en bronze. Il s'agit, en effet, de colonnes dorées portant des chérubins de même métal, d'un lutrin dont le pied, en forme de candélabre, était enrichi de figures en ronde bosse et en bas-relief, et d'un tableau également en bas-relief, représentant la crucifixion, avec la Vierge et saint Jean-Baptiste. Ce bas-relief était placé à l'entrée de la chapelle des Ardents.

On voit, par ces quelques exemples, que si les statues et les ouvrages en bronze furent, jusqu'à la fin du xve siècle, d'une relative rareté, le secret de leur fabrication ne fut jamais complètement perdu, et qu'à défaut de professionnels exercés, il restait encore quelques artistes ou quelques artisans capables d'exécuter, au besoin, des œuvres importantes. Malheureusement, comme tous ces morceaux ont disparu — ou à peu près — et comme la critique de ceux auxquels nous empruntons leur description est souvent en défaut, il est assez malaisé de découvrir si nous avons affaire, pour les plus remarquables d'entre eux, à des statues moulées et fondues, ou à des images obtenues par le repoussé et la rétreinte.

Les orfèvres, en effet, durant tout le Moyen Age, exécutèrent en argent et en or, par ce dernier procédé, des pièces

---

1. Millin, *Antiquités nationales*, t. IV, pl. IV.

considérables. On ne manqua donc pas d'utiliser pour les mêmes travaux les propriétés ductiles du bronze, et l'on peut voir au Louvre, dans la salle *André Beauneveu*, le « gisant » de Blanche de Champagne, femme de Jean Ier, duc de Bretagne (1283), qui, confectionné par ce procédé, provient de l'abbaye de la Joie, près Hennebont. Ce monument rentre, au surplus, dans la catégorie de ces statues repoussées qu'Agobard, dans son traité *des Images,* appelait *ductiles statuas,* par opposition aux statues en bronze fondu, qualifiées par lui *fusibiles statuas*[1].

Quelles sont celles d'entre ces belles représentations qu'on doit ranger dans cette seconde catégorie? C'est ce qu'il serait peut-être audacieux de décider d'une façon trop précise. Cependant Émeric David paraît avoir eu, sur ce sujet, des lumières spéciales. « La statue de Robert et celle de Maucler, écrit-il, avaient été coulées dans des moules. Celles de Jean Ier et de Marie de Bourbon étaient modelées sous le marteau et le ciselet... Je doute qu'en France,

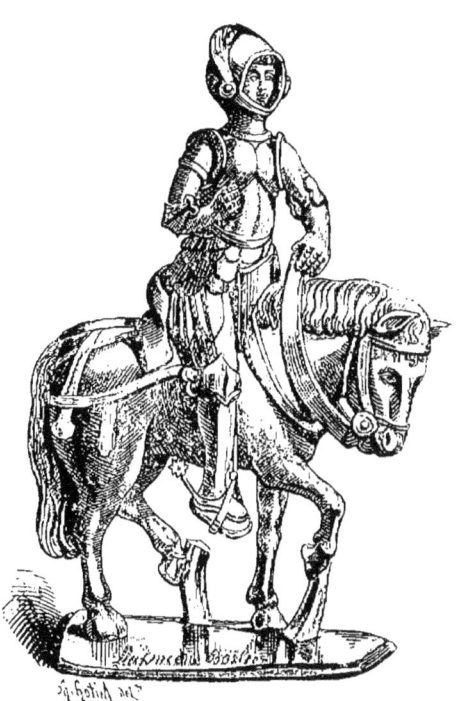

Fig. 49. — Jeanne d'Arc, statuette en bronze.
(MUSÉE DE CLUNY.)

---

1. Agobard, *de Imaginibus,* t. II, p. 264.

et même en Italie, il ait été fondu, depuis les monuments qu'on peut regarder comme appartenant à l'Antiquité, une statue humaine en bronze, grande comme nature, antérieurement à celle de Robert II, comte de Braine, qui date de 1218[1]. » Cette revendication a son prix; mais il n'en paraît pas moins certain qu'une prompte et décisive décadence signala notre production française au Moyen Age, alors qu'en Italie les procédés se transmirent avec plus de fidélité. Nous dirons tout à l'heure les raisons qui justifient cette manière de voir.

Si maintenant nous descendons de ces hauteurs, si nous quittons les bronzes d'art, considérés dans leur expression la plus élevée, pour nous occuper des bronzes d'ameublement et d'usage, nous apprendrons que la fabrication et la vente de ces ouvrages plus modestes passèrent, à partir du xive siècle, entre les mains d'industriels qu'on désignait, suivant leur pays d'origine, sous les noms de *Dinants* ou *Dinandiers* et de *Maignens* ou *Magniens*. Les premiers s'appelaient ainsi à cause de Dinant-sur-Meuse, célèbre, dès le xiie siècle, dans ce genre de fabrication. Les seconds étaient originaires de la Limagne (basse Auvergne). De là leur nom de *Limaignens,* qui, par corruption, devint *li Maignens,* le préfixe étant considéré comme équivalent de l'article. Dès le xive siècle, nous rencontrons un certain nombre de ces modestes artisans, parmi les fournisseurs attitrés du roi de France et des princes royaux. On cite Guillaume de Lagny et Collin de Chaumes, comme ayant été dinandiers de Charles V et de Charles VI; Clément de Mussy et Jean de Richebourg, qui furent au service d'Isabeau de Bavière; Guillemin Porquet, qui travailla pour Jehanne de France; Thierry Lallemand, maignen de Marguerite de Flandre, duchesse de Bourgogne.

Parmi les ouvrages que ces industriels exécutaient pour

---

1. Émeric David, *Tableau historique de la sculpture française*, p. 70-71.

leurs illustres clients, il faut citer les chandeliers, candélabres, trépieds, lutrins, chaudrons et chaudronnets, bassins de toutes tailles et à toutes destinations, pots et potets de toutes formes, « bassinoelles pour bassiner le lit », enfin toute la vaisselle de cuisine et de table qu'on peut imaginer, et jusqu'à des girouettes armoriées, comme celles que Watier Poiselart confectionna, en 1399, pour le duc d'Orléans[1].

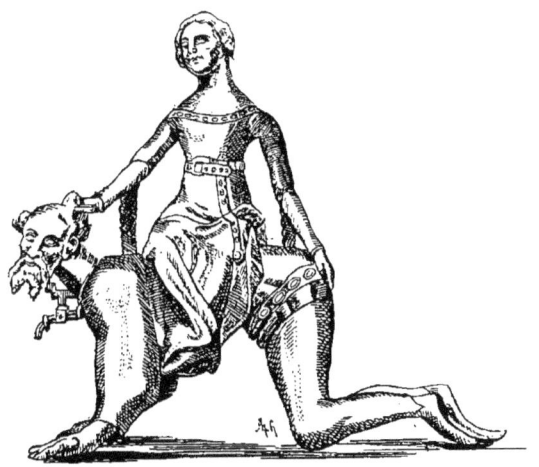

Fig. 50. — Aiguière en bronze (XIIIᵉ siècle).

Ajoutons que la main-d'œuvre étant, à cette époque, d'un bon marché extrême, et la fantaisie de nos pères inépuisable, magniens et dinants savaient rehausser, par une amusante décoration, les moindres ouvrages sortant de leurs boutiques respectives. Il nous est resté de ces temps lointains une infinité de curieux bassins ornés d'inscriptions gothiques, étalant en leur milieu un étrange bas-relief, représentant soit quelque sujet biblique : *Adam et Ève* ou le

1. Comte de Laborde, *les Ducs de Bourgogne; preuves*, nº 5840, t. III, p. 161.

Raisin de Chanaan, soit le portrait de quelque saint personnage : par exemple, *saint Georges terrassant le dragon.*

Moins nombreuses, mais plus curieuses encore, sont ces aiguières qu'on désigne dans le monde de la Curiosité sous les noms peu justifiés de coquemars ou d'aquamanilles, et qui revêtent la forme d'animaux plus ou moins fantastiques, de lions, de chimères ou de cavaliers étranges, quand ils ne nous montrent pas une femme chevauchant sur un homme transformé en coursier. Enfin, dans ce genre un peu primitif, nos modestes maignens s'élèvent parfois jusqu'au portrait, comme dans le *Charlemagne* du musée Carnavalet, ou la *Pucelle d'Orléans* du musée de Cluny.

C'est sans doute à un ouvrage du même genre, mais de très grande taille, que fait allusion le pèlerin Georges Lenguerant, quand il nous signale à Reims, les jours de fêtes solennelles, « ung grant cerf de bronze planté devant l'église Nostre-Dame, en la cimetière, sur un théâtre galantissime ». On emplissait cette figure de vin pour en abreuver le peuple. Lenguerant nous apprend, en outre, que ce cerf avait été fondu « au commandement » d'un archevêque de Reims, nommé Gervais, et que « le nom de l'ouvrier, gravé allentour du collier, estoit tel : OSMUDUS (Osmond?) ME FECIT[1]. »

Enfin dans certaines circonstances particulièrement décisives, ces modestes artisans savaient s'élever à la création de véritables œuvres d'art, du plus beau caractère et de la plus haute valeur. On conserve à Reims le fragment d'un pied de candélabre, auquel semble s'appliquer assez exactement la sévère critique que saint Bernard adressait aux appareils de ce genre, en usage de son temps dans les églises : « Nous voyons pour candélabres, écrivait-il, certains arbres élevés, exécutés à grands frais de métal, par le travail merveilleux des artistes, et non moins brillants par

1. Voir un article de M. de La Fosse-Mélicoq où il est fait mention de cet ouvrage, *Ann. archéol.,* t. XXII, p. 49.

l'éclat des pierreries que par la superposition des lumières[1] ». Cet admirable débris (voir fig. 52) peut donner une idée de l'habileté de nos ouvriers du bronze au XIIIe et au XIVe siècle, et surtout de l'ornementation touffue dont ils enrichissaient de simples objets mobiliers.

On voit, par cette rapide énumération, que si, au point de vue des productions de l'art pur, les bronziers du Moyen Age ne peuvent, comme beauté d'exécution, être comparés à leurs collègues de l'Antiquité, ils ne laissèrent pas cependant que de produire des œuvres intéressantes, curieuses, bizarres, belles parfois dans leur complication, amusantes surtout à contempler, mais qui, fondues le plus souvent en massif, et par petits fragments réunis et montés ensuite, n'ont plus rien à démêler avec la Statuaire en bronze, telle qu'on la comprenait en Grèce et à Rome.

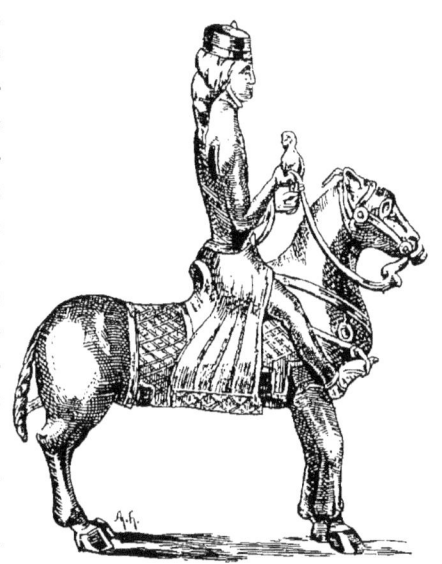

Fig. 51. — Aiguière en bronze (XIIIe siècle).

Comment l'admirable procédé qui permit de donner le jour à tant de chefs-d'œuvre finit-il par tomber dans un oubli à peu près complet? Qui doit-on accuser de cette décadence funeste? Il faut surtout en rendre responsable l'organisation même du travail au Moyen Age. Les Corporations intolérantes et jalouses défendaient leurs privilèges avec une âpreté dont nous n'avons plus d'idée. Un certain

---

1. Migne, *Patrologie*, t. CLXXXII, col. 914 et suiv.

nombre de Communautés marchandes — le livre d'Étienne Boileau nous les a fait connaître — avaient été mises en possession, par l'autorité royale, du droit de fondre et de travailler l'airain. Nul, en dehors de leurs membres, ne pouvait entreprendre ou exécuter aucun ouvrage fait de ce même métal. Or nous avons vu que toutes les Corporations reconnues par Étienne Boileau n'exécutaient que de petites pièces. Aussi, pour les morceaux importants, fallait-il s'adresser au dehors, aux fabricants de Dinant ou de la Limagne, aux chaudronniers ou encore aux fondeurs de cloches; c'est assez dire que l'art ne pouvait pas espérer grand'chose d'une pareille collaboration.

Ces derniers artisans (nous voulons parler des fondeurs de cloches), que Jean de Garlande, dans son curieux *Dictionnaire*[1], définit « artisans subtiles, qui fondent les cloches d'airain sonore, à l'aide desquelles, dans les églises, les heures de la journée sont comptées par les chocs du battant et l'action des cordes », demeurèrent en possession, presque jusqu'au xviie siècle, du privilège exclusif de fondre ce qu'on appelait la *grosserie,* c'est-à-dire les ouvrages importants de cuivre et de bronze. C'est même en vertu de ce privilège qu'à partir du xve siècle, on dut s'en remettre à eux du soin de constituer le matériel, encore un peu primitif, de l'artillerie naissante.

Voilà qui explique comment, à partir de cette époque, un certain nombre de fondeurs sont désignés sous le titre « maistre fondeur de l'artillerie », ou plus généralement sous celui de « canonniers-fondeurs ». En 1424, nous rencontrons à Amiens Jean Hainaut, dit Hanotin, pourvu de ce titre. En 1463, Colart Cadot et Jean Watel, dit Watelet, le prenaient également. En 1482, Laurent Wrine, « canonnier-fondeur du roy », demeurant en la ville de Tours,

---

1. *Magistri Johannis de Garlandia Dictionnarium*, art. XX (publié à la suite du *Paris sous Philippe le Bel* de H. Géraud, p. 590).

passa un marché pour la fonte de la statue de Louis XI[1]. Car, en vertu des privilèges corporatifs, le fondeur était, le plus souvent, chargé de l'exécution des œuvres d'art, sans qu'on se préoccupât de l'artiste qui devait être son collaborateur.

S'il fallait faire la preuve de ce singulier désintéresse-

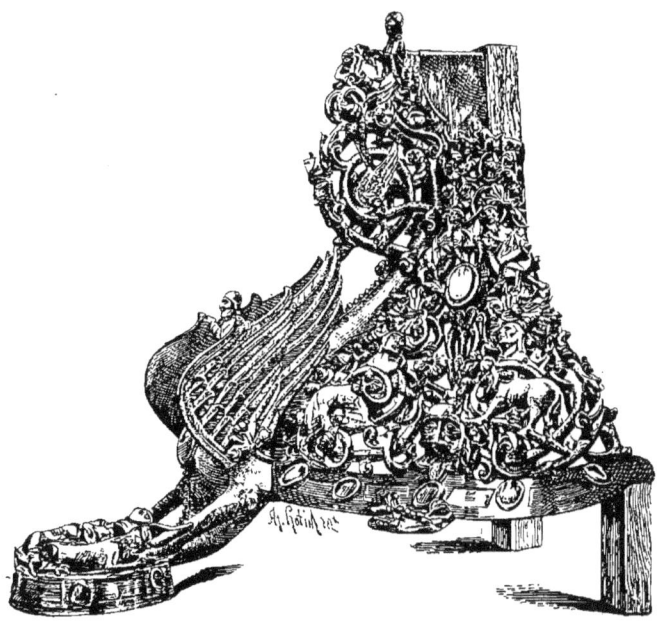

Fig. 52. — Pied de candélabre en bronze fondu et ciselé.
(MUSÉE DE REIMS.)

ment, de cette fâcheuse absorption de l'art par l'industrie, nous invoquerions un curieux marché, retrouvé par M. de Fréville et passé, en 1484, par Louis d'Amboise, frère aîné du célèbre cardinal ministre de Louis XII, avec Jehan Morant, Adam Morant, son fils, et Regnaut Guédon, son gendre, « tous fondeurs demourans à Paris, en la rue Saint-

---

1. *Mém. de Ph. de Comines*, édition Dupont, t. III, p. 343.

Martin ». Par contrat notarié, ces trois industriels s'engageaient à fournir à Louis d'Amboise : 1° un pupitre en forme de griffon, orné des statues de la Vierge, de sainte Cécile, de saint Valerian, de saint Salvi et de saint Tiburce ; 2° six colonnes surmontées de six anges, tenant les instruments de la Passion ; 3° une crosse semblable à celle de l'église Saint-Germain-l'Auxerrois, « le tout en cuivre jaune bon, léal et marchant, et bien purifié ». Ces ornements, destinés à la cathédrale d'Albi, dont Louis d'Amboise était évêque, furent payés au poids à raison de 18 livres 10 s. « pour chaque cent (livres) » que pourraient peser les colonnes, et 19 livres pour le pupitre et la crosse « pour cuivre et ouvrage, le tout au poix le Roy ».

Ce curieux mélange de professions et de responsabilités, cette subordination de l'art au métier, s'ils expliquent les remarquables décorations dont les pièces d'artillerie furent pendant longtemps ornées, font en même temps mieux comprendre comment les fondeurs de cloches, devenus fondeurs canonniers, appliquèrent aux œuvres d'art qu'on les chargeait d'exécuter, des procédés qui auraient fatalement amené la décadence de la Statuaire, si celle-ci n'eût pas été déjà compromise par d'autres raisons.

Un coup d'œil donné sur la façon dont s'exécutaient ces gros travaux, en même temps qu'il nous permettra de retracer rapidement l'histoire des cloches, achèvera d'expliquer cette décadence et les causes techniques qui l'ont aggravée.

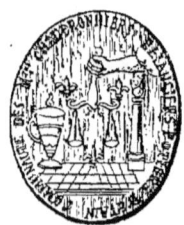

Fig. 53. Jeton de la corporation des Chaudronniers.

III

moyen age (suite). — les cloches. — leur role.
leur importance. — leur fabrication.

L'importance des cloches et leurs fonctions furent, durant tout le Moyen Age, singulièrement plus considérables qu'on ne se le figure généralement. Non seulement elles servirent, dès l'institution du christianisme, à convoquer le peuple aux offices sacrés[1], mais, jusqu'à une époque relativement voisine de nous, — nous l'avons établi dans un autre volume de cette collection[2], — les sonneries variées qu'elles lançaient dans les airs jouèrent un rôle capital dans l'existence civile des cités.

C'est à elles qu'incombait, à une époque où les horloges étaient sinon inconnues, du moins d'une extrême rareté, la mission élevée de rappeler aux habitants leurs principaux devoirs, et de régler les actes journaliers de leur vie. Leurs appels sonores annonçaient la reprise et la cessation du travail, l'ouverture et la clôture des portes, l'extinction des feux. Elles étaient, en outre, chargées de signaler l'approche de l'ennemi, ainsi que les incendies éclatant en ville ou dans la campagne environnante. Ces multiples services,

---

1. « Fortunatus, écrit le R. P. Jacques Dubreul, compare la dévotion du clergé et des fidèles de son temps aux soldats, lesquels, excités par la trompette, courent avec allégresse au combat, pour défendre leur prince : aussi ce peuple au son de la cloche se rend sans délay à l'église ouïr le divin service et rendre louange à son Dieu. » (*Le Théâtre des antiquités de Paris*, p. 8.)
2. Voir notre volume sur l'*Horlogerie*. Cette fonction purement civile se trouve même consignée sur certaines cloches. C'est ainsi que l'église de Chagny (Saône-et-Loire) possède dans sa tour romane une cloche fondue en 1449 « pour sonner les heures nuit et jour », ainsi que le porte l'inscription qui la décore.

on peut dire qu'elles les rendirent à nos ancêtres à partir du règne de Constantin, époque à laquelle les églises catholiques furent pourvues de cloches; et il ne paraît pas que, durant tout le Moyen Age, leur fonctionnement ait subi aucune interruption. Ajoutons que, dès le viie siècle, le volume des cloches que possédaient certains sanctuaires dut être énorme. On rapporte, en effet, qu'en 610, l'armée de Clotaire assiégeant la ville de Sens, Loup, évêque d'Orléans, qui se trouvait enfermé dans la tour de l'église Saint-Étienne, remarquant que l'ennemi allait donner l'assaut, ordonna qu'on sonnât à toute volée toutes les cloches de l'église, qui depuis le commencement du siège étaient restées muettes en signe de deuil. Cette sonnerie fut si violente, que les soldats de Clotaire, épouvantés, prirent la fuite. Depuis les fameuses trompettes de Jéricho, « l'airain brillant et sonore » n'avait pas produit une panique aussi décisive.

Pendant près de dix siècles, le nombre et le poids des cloches de chaque église furent considérés comme une marque de son importance, comme une preuve manifeste de sa richesse et de l'opulence de ses protecteurs. C'est ainsi que les deux clochers de Notre-Dame de Paris renfermaient huit grosses cloches, deux dans la tour du Midi, nommées Jacqueline et Marie, six dans celle du Nord : Gabrielle, Guillaume, Pasquier, Thibauld et les deux *moineaux;* auxquelles il faut en ajouter six autres petites, qui se trouvaient dans la flèche centrale, soit en tout quatorze [1]. Saint Alderic, évêque du Mans, voulant établir la prééminence de son église diocésaine sur celles des diocèses voisins, la gratifia de douze cloches. Boniface VIII, qui nourrissait pour l'église d'Anagni, près Rome, une bienveillance spéciale, porta le nombre de ses cloches à sept, dont deux furent fondues par André et Jean de Pise (1292-

---

1. Du Breul, *Théâtre des antiquités de Paris,* p. 9.

1295). Le roi Robert, dans un même sentiment pour Saint-Aignan d'Orléans, fit fondre cinq cloches, qu'il offrit à cette église. Nous pourrions multiplier ces exemples. Ce fut seulement au XVIe siècle que saint Charles Borromée établit, dans ses statuts diocésains, une progression hiérarchique, qui attribuait aux cathédrales de cinq à sept cloches, trois aux églises collégiales, et deux seulement aux églises paroissiales ; mais cette règle, qui n'eut pas d'effet rétroactif, ne fut pas observée d'une façon stricte, et les églises continuèrent de posséder un nombre de cloches proportionné à la générosité de leurs protecteurs.

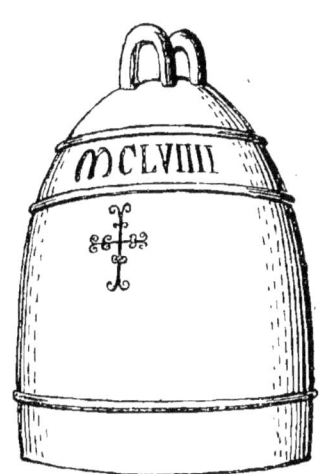

Fig. 54. — Cloche de la cathédrale de Sienne (XIIe siècle).

Nous ne parlons ici, cela s'entend, que des grosses cloches ; car il y en avait, dans tous les établissements religieux, une infinité d'autres de moindre importance. « Et devons sçavoir, écrit Jean Goulain, dans sa traduction du *Rational* de Durand, et devons sçavoir qu'il y a en l'église cinq manières de cloches. C'est assavoir : esquelles, timbres, noles, noletes et cloches. La cloche sonne en l'église, l'esquelle au réfectoire, le timbre au cloistre, le nole au chœur ; la nolette en l'horloge. » Mais seules les grosses cloches, à cause de leur poids énorme et de leur prix correspondant, constituaient des titres à la réputation, et c'est de celles-là seulement que les églises tiraient vanité.

On comprend que des colosses comme le bourdon de Notre-Dame de Paris, pesant plus de 34,000 livres ; comme les grosses cloches de Sens, *Savinienne* et *Potentienne*, pesant respectivement 27 et 28 milliers ; comme la *Charlotte*, offerte en 1570 par le cardinal Charles de Lorraine à la cathédrale de Reims, et pesant 23,000 livres; comme le *Gros-Guillaume* de Saint-Maurice d'Angers, estimé à 24,000 livres; la cloche du beffroi d'Amiens avec ses 11,000 livres, et celle du beffroi d'Orléans, fondue par Robin Boivin et par Étienne et Guillaume Bouchard, et qui pesait 10,000 livres, représentaient des cadeaux absolument princiers.

Voilà pourquoi leur réception était entourée de cérémonies solennelles; et comme, lors de leur bénédiction, les donateurs, le plus souvent, servaient d'assistants ou de parrains, on prit l'habitude de désigner cette bénédiction sous le nom de « baptême », et de donner à la cloche le nom de celui qui en avait fait présent. Nous venons de voir une cloche de Reims appelée *Charlotte,* du nom du cardinal Charles de Lorraine. Georges d'Amboise gratifia la cathédrale de Rouen d'un bourdon, qui fut nommé *Georgette.* Sens possède une cloche de 7,000 livres, dont, en 1377, Charles V voulut bien accepter d'être le parrain, et qui porte l'inscription suivante : CHARLES AY NOM POUR LE ROY DE FRANCE. VII M. ET PLUS POISE EN BALANCE. LES BOURGEOIS DE SENS M'ONT FAIT FAIRE L'AN MCCCLXXVI, etc.

Parfois ces noms faisaient place à des sobriquets. Étampes possède une cloche, qui fut donnée en 1400 à son église par le duc Jean de Berry, et sur laquelle on peut lire cette curieuse légende : MARIE AY NOM ET (fus) NOMMÉE LA GROSSE ENGRAISSÉE PAR JEAN DUC DE BERRY. A Saint-Maurice d'Angers, une petite cloche d'argent, qu'on sonnait seulement en carême, fut appelée, à cause de cela, *le Harainier* (de hareng). Une des cloches de la cathédrale de Beauvais, qu'on mettait spécialement en branle pour annoncer la vente du poisson, fut qualifiée par le peuple *la Poissarde.* A Étampes, la cloche qui sonnait le couvre-feu reçut le nom de *Chasse-Ribaud.* Nous verrons que ce même nom fut donné à une cloche de la tour du Gros-Horloge de Rouen. Puisque nous sommes dans la capitale de la Normandie, rappelons que la cloche fameuse offerte par Rigault, archevêque de Rouen, à sa cathédrale, et à cause de cela nommée *la Rigault,* n'était mise en branle que pour des clients spécialement généreux, et qui consentaient à copieusement arroser le gosier des sonneurs. De là vint le dicton « boire à *tire la Rigault* ».

Ajoutons que ces inscriptions dédicatoires ne nous révèlent pas seulement les noms des généreux donateurs, mais parfois aussi ceux des fondeurs qui ont exécuté ces colosses. C'est ainsi que M. Sauvageot, dans un précieux travail[1], a pu consigner les noms des fondeurs Gaufridus (Moissac, 1273), Jehan Jouvente (Sens, 1377), frère Jehan Regner (Étampes, 1413), Mᵉ Aimé (Joigny, 1413), Pierre Sanyet (Chartres, 1520), Lemire (Moret, 1525), Gaspard Mongin Viard (Sens, 1560), et celui de Denis Mousset, qui, en 1690, fondit la cloche offerte par Mᵐᵉ de Maintenon à la chapelle de Boigneville. A ces noms heureusement sauvés de l'oubli, on pourrait ajouter ceux de Giovani di Tofano, qui, au xivᵉ siècle, fondit la *Sovana,* pour la cathédrale de Sienne; de Jean Gremper, qui, en 1427, livra le *Saint-Esprit* de la cathédrale de Strasbourg; de Jehan (1492) et Jehan le Royer (1516), qui pourraient bien

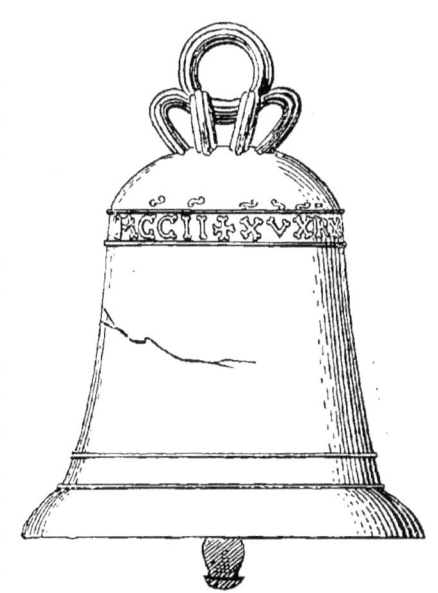

Fig. 55. — Cloche de la paroisse de Fontenailles (commencement du xiiiᵉ siècle).
(MUSÉE DE LA VILLE DE BAYEUX.)

---

1. Voir *Annales archéologiques,* t. XXII, p. 214.

n'être qu'un seul personnage auquel on doit les cloches de Saint-Pierre de Roye (Somme) et de l'église de Bleury. Citons encore Pierre des Champs, à qui le cardinal de Lorraine demanda la *Charlotte,* plus haut mentionnée, etc.

Nous venons de parler d'une cloche d'Étampes nommée *Chasse-Ribaud.* A Rouen, nous retrouvons ce même sobriquet, orthographié d'une façon singulière par suite d'une de ces transpositions de lettres assez fréquentes au Moyen Age. La tour du Gros-Horloge possède, en effet, deux cloches fondues vers le milieu du xiiie siècle. La première porte, en belles lettres onciales, l'inscription suivante : JE SUIS NOMMÉ CACHE-RIBAUT (*sic*). MARTIN PIGACHE ME FIST FÈRE. JEHAN DAMIENS ME FIST. Sur l'autre on peut lire : JE SUIS NOMMÉ ROWEL. ROGIER LE FÉRON ME FIST FÈRE. JEHAN DAMIENS ME FIST. Nous savons que Martin Pigage et Rogier Le Féron furent l'un et l'autre maires de Rouen. Nous ignorons, par exemple, si Jehan d'Amiens était originaire de cette même ville, ou s'il était Picard, comme son nom semble l'indiquer.

Cette dernière particularité n'aurait rien de surprenant, au surplus. C'est seulement de 1299, c'est-à-dire d'une époque postérieure à l'exécution des cloches en question, que datent les premiers Statuts des Maîtres Fondeurs rouennais. En outre, la fonte des grosses cloches était chose assez rare, pour que leur exécution expliquât la venue de spécialistes appelés du dehors. Ainsi, le 22 septembre 1453, les procureurs de la ville d'Orléans firent mander maître René Boivin, « saintier[1] » de Moulins, pour fondre la grosse cloche de leur beffroi[2]. De même, le cardinal Georges d'Amboise confia à un Chartrain, nommé Jehan Le Manchon, l'exécution de la grosse cloche de la cathé-

---

1. Les cloches des églises, au Moyen Age, s'appelaient des « saints » (voir sur l'emploi de ce mot notre *Dictionnaire de l'Ameublement*); de là le nom de « saintier » donné à ceux qui les fabriquaient.
2. L. de Laborde, *Les Ducs de Bourgogne : preuves*, t. III, art. 7260.

drale de Rouen, qui prit son nom. La légende rapporte que ce fondeur mourut de joie en constatant la réussite de son travail[1]. Ce colosse pesait 19,000 kilogrammes; il mesurait 10 mètres de circonférence et $3^m,33$ de hauteur. Pour le mettre en branle, il fallait seize hommes. On comprend les inquiétudes que pouvait causer une pareille entreprise, et l'excès de joie résultant de son bon achèvement.

Enfin, pour éviter les transports difficiles et coûteux, et les accidents si fréquents sur des routes mal entretenues, la fonte des très grosses cloches n'était point exécutée au domicile des fondeurs, mais dans des ateliers provisoires élevés à proximité de l'église qui devait les recevoir. C'est ainsi qu'en 1682, quand il s'agit de fondre l'*Emmanuelle,* destinée à Notre-Dame de Paris, on établit un de ces ateliers sur le Terrain, lieu alors vague, aboutissant à la Seine et proche le cloître de Notre-Dame, où depuis on a planté un agréable jardin[2].

La fonte des grosses cloches, si elle présentait de sérieuses difficultés, ne constituait pas toutefois un secret. Dès une époque fort éloignée, on avait, à l'aide de calculs assez précis, déterminé les conditions approximatives d'épaisseur et de poids qu'elles devaient remplir relativement à leurs dimensions, réglées par une suite de diamètres. M. Guettier, qui, dans un livre fort bien documenté[3], donne le tableau synoptique de l'épaisseur, de la pesanteur et du grand diamètre des cloches, depuis 3 kilos jusqu'à 12,000, nous apprend que l'épaisseur du *bord* d'une cloche de 3 kilos doit être de $0^m,008$, et son grand diamètre de $0^m,120$; que pour une cloche de 100 kilos, ces mêmes proportions doivent être de $0^m,037$ et de $0^m,555$;

---

1. Farin, *Histoire de la ville de Rouen*, t. III, p. 10.
2. Savary des Bruslons, *Dictionnaire de commerce,* à l'article FONDERIE.
3. *La Fonderie et ses Applications.*

que pour 1,000 kilos, il faut compter d'une part 0^m,081, et de l'autre 1^m,215; et qu'enfin pour 10,000 kilos, ces deux chiffres sont respectivement de 0^m,173 et de 2^m,595. Ce sont ces données, acquises à la suite de longs tâtonnements et par une succession ininterrompue d'expériences [1], qui ont permis d'établir ce que les fondeurs nomment la *brochette* ou l'*échelle campanaire,* qui leur sert à déterminer la hauteur, l'ouverture et l'épaisseur convenables des diverses parties de la cloche, suivant le son que l'on veut obtenir.

Ces parties sont au nombre de quatre : les *anses,* qui servent à suspendre la cloche; le *cerveau,* où s'attachent les anses, qui forme la calotte dont est couronnée la cloche; les *faussures,* ou parties courbes, ou parois qui vont en s'élargissant; et les *pences* ou *bords,* sur lesquels s'opère la percussion du battant. Chacune de ces parties joue son rôle dans l'effet final. Ainsi qu'on l'a fait observer, si, à mesure que l'on remplit d'eau un verre, on frappe ce verre avec un corps dur, il rend successivement des sons différents. De même, dans toute cloche, il n'y a aucune circonférence qui ne produise un son relatif à son diamètre, et à sa distance du sommet. De telle manière que le son d'une

---

1. Pour se rendre compte de ces tâtonnements, il suffit de comparer les dimensions respectives des diverses cloches qui nous ont été conservées. On verra combien les proportions de leur diamètre, relativement à leur hauteur, présentent de différences. Nous avons cru bien faire en dressant ici un tableau comparatif de quelques-unes de ces dimensions, empruntées à des cloches de différentes époques.

	DATE DE LA FONTE	GRAND DIAMÈTRE	HAUTEUR
Cloche de l'abbaye de Fontenailles, actuellement au musée de Bayeux.	1202	0.65	0.67
Cloche Saint-Emilaud (dioc. d'Autun).	1491	0.92	0.72
—	1540	0.80	0.68
— Chagny (Saône-et-Loire)	1449	0.91	0.71
— Santenay (Côte-d'Or)	1475	0.70	0.60
— Tintry (Saône-et-Loire)	1515	0.85	0.70
— Sens : *la Potentienne*	1560	2.40	1.90
— *la Savinienne*	—	2.90	2.08
— Decise (Saône-et-Loire)	1618	1.20	1.03

cloche n'est pas un son simple. C'est un composé de divers tons produits par la vibration des différentes parties de métal, entre lesquels, comme cela se remarque dans l'orgue, les tons fondamentaux doivent absorber les harmoniques.

« Le rapport de la hauteur de la cloche à son diamètre est comme 12 à 15, ou dans le rapport d'un son fondamental à la tierce majeure, écrit Diderot dans son excellent article de l'*Encyclopédie*[1] : d'où l'on conclut que le son de la cloche est composé principalement du son de ses extrémités ou bords, comme fondamental, du son de son cerveau, qui est à son octave, et de celui de la hauteur, qui est la tierce du fondamental. »

Enfin la forme, le poids, l'épaisseur, ne décident pas seuls de la qualité du son ;

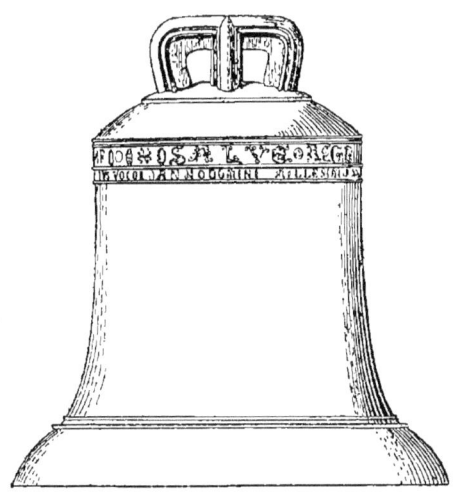

Fig. 56. — Cloche de l'église de Moissac (Tarn-et-Garonne). (Fin du XIIIe siècle).

il faut encore compter avec la composition de l'alliage. Pas plus que les proportions relatives de la hauteur comparée à la base, la composition de celui-ci n'a jamais eu rien de très fixe. Si nous prenons deux cloches fondues exactement à la même époque et par le même fondeur, la *Chasse-Ribaud* de Rouen et sa sœur la *Rowel,* nous verrons que la première renferme : cuivre, 76.10 ; étain, 22.30 ; fer et zinc, 1.60. — La seconde : cuivre, 71 ; étain, 26 ; zinc, 1.80 ;

---

1. *Dictionnaire raisonné des sciences*, t. III, p. 540.

fer, 1.20. Au xiii⁰ siècle, le moine et prêtre Théophile écrivait qu'il faut joindre au cuivre un cinquième d'étain, pour faire de bon métal de cloche. Nous voyons qu'à Rouen ce cinquième était devenu un quart. Au xvii⁰ et au xviii⁰ siècle, les manuels indiquent, comme proportions heureuses, un mélange de 2/3 de cuivre contre 1/3 d'étain, mais en ajoutant que la quantité de cuivre doit augmenter en raison des dimensions de la cloche. De nos jours, Thénard recommande d'allier 78 parties de cuivre à 22 d'étain, mélangé d'un peu de plomb et de zinc[1]. Longtemps on a cru qu'une petite proportion d'argent donnait à la sonnerie un timbre plus clair, plus « argentin »; et certaines cloches, notamment à Angers et à Rouen, portent les noms de « cloches d'argent », quoiqu'elles soient manifestement en bronze.

Le chroniqueur Specklin (il écrivait au xvi⁰ siècle) raconte que pendant la peste qui ravagea, en 1427, la ville de Strasbourg, la cloche nommée *Saint-Esprit* fut fêlée, par suite des trop nombreuses sonneries occasionnée par la recrudescence des décès, et qu'il fallut la refondre à nouveau. Il ajoute que les bourgeois de la ville, pendant la fusion du métal, jetèrent des quantités d'or et d'argent dans les fourneaux[2]. M. Girardin, qui a analysé la cloche d'argent de Rouen, et que cette analyse a rendu sceptique, ne croit pas à la présence de métal fin dans ces grands ouvrages. Il pense que les fondeurs, au lieu de jeter les matières précieuses qu'on leur apportait dans le creuset même, les faisaient lancer par les donateurs dans le foyer. « Il résultait de là que la totalité de l'argent projeté, au lieu d'être introduite dans le bronze liquéfié, allait se rassembler dans le

---

1. *Épigraphie de la Seine-Inférieure*, par l'abbé Cochet, dans le *Bulletin monumental*, t. XXI, p. 323. — *Diversarum artium schedula*, déjà cité, lib. III, c. lxii, p. 220. — *Les Cloches*, par l'abbé Barrault : *Annales archéologiques*, t. XIX, p. 307.
2. *Bulletin archéologique* (1844-45), t. III, p. 356.

fond du cendrier, d'où les fondeurs s'empressaient de le retirer, une fois la cérémonie terminée et l'atelier désert[1]. »
Mais c'est assez parler du métal; occupons-nous maintenant de la fabrication.

Le moulage des cloches, dont il nous faut dire un mot maintenant, s'exécute d'une façon à la fois simple et curieuse. Pour celles de grandes dimensions, on commence, une fois que le *tracé* en a été calculé et établi d'après l'*échelle campanaire,* par creuser une fosse circulaire de 50 à 60 centimètres plus profonde que la hauteur totale de la cloche, et placée à proximité du fourneau où doit s'effectuer la fusion du métal. Sur l'aire de cette fosse, on

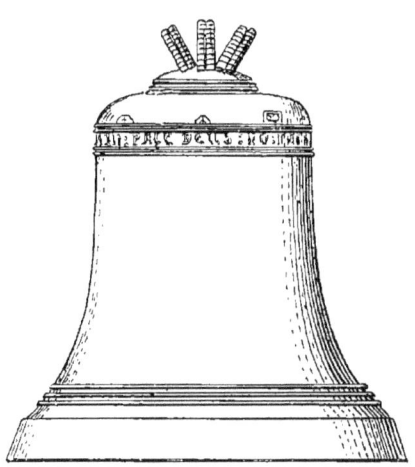

Fig. 57. — Cloche de l'église de Saumanes (Vaucluse). (xɪvᵉ siècle.)

établit un sol parfaitement horizontal, de forme ronde et un peu plus grand que le diamètre d'ouverture de la cloche. Ce sol, qu'on nomme la *meule,* est fait de briques mises en liaison et soigneusement jointoyées, de façon à constituer une base immuable. Au milieu de la *meule,* on dresse une barre de fer exactement verticale, qui forme la branche fixe de ce qu'on va nommer le *compas.* Cette branche est scellée à sa partie inférieure dans la maçonnerie. A sa partie supérieure, elle est armée d'une autre barre disposée à

---

1. *Leçons de chimie élémentaire,* 1ʳᵉ édition, 23ᵉ leçon, p. 672.

angle droit, et attachée de façon à pouvoir évoluer horizontalement. Cette seconde barre est refendue de manière à pouvoir soutenir une planche verticale, sur laquelle on a établi le *tracé*. Elle forme la seconde branche du *compas*.

Le *tracé* comporte trois lignes principales : la première, qui correspond à la paroi intérieure de la cloche, permettra d'établir le *noyau*. La seconde, qui fournit la courbe décrite par sa paroi extérieure, permettra de façonner le *modèle*. Enfin la dernière fournira les limites de la *chape* qui enveloppe le tout.

Pour la première de ces opérations, c'est-à-dire pour la constitution du *noyau,* il suffira d'échancrer la planche suivant la première ligne du *tracé;* puis de masser tout autour de la branche verticale du compas l'argile destinée à former ce *noyau*. Quand ce massif approchera de sa forme définitive, on fera évoluer la seconde branche du compas autour de son axe; et la planche qu'elle soutient, étant taillée en biseau, emportera l'excédent du ciment, et achèvera de donner au *noyau* la forme qu'il doit revêtir.

Ce *noyau*, étant bien séché dans toute son épaisseur (parfois on le fait cuire en l'entourant d'un feu de charbons), est recouvert d'une couche de cendres fines destinées à prévenir toute adhérence avec la terre dont on va l'envelopper. Cela fait, on échancre de nouveau la planche, en l'ébiselant suivant la ligne qui marque la paroi extérieure de la cloche ; puis on applique sur le *noyau* des galettes de terre qu'on superpose en les unissant ensemble ; et sur ces galettes on étend une couche de ciment, qu'on égalise — comme on a fait pour le *noyau* — en faisant évoluer la seconde branche du compas et le gabarit qu'elle porte. Cette terre et le ciment dont elle est recouverte ayant été convenablement séchés, on les enveloppe, à l'aide d'un pinceau, d'une légère couche de cire, sur laquelle on ajoute des inscriptions, chiffres, armoiries, médailles, figures ou profils en léger relief, le tout préalablement moulé, et qu'on répare ensuite à l'ébauchoir. De cette façon on confectionne le *modèle,* et on le gratifie de l'ornementation plus ou moins compliquée dont on veut parer la cloche.

Le *modèle* achevé, il s'agit d'exécuter la *chape.* Comme on l'a déjà deux fois fait, on échancre de nouveau la planche : puis on applique au pinceau, sur la cire qui enveloppe le *modèle,* une première couche de terre fine, soigneusement tamisée et délayée dans de l'eau avec de la bourre. On laisse sécher cette première couche. Quand elle est sèche, on en applique une seconde, ensuite une troisième, etc., jusqu'à ce qu'on ait obtenu une épaisseur d'un demi-centimètre. Alors on continue avec du ciment plus épais, et quand on juge que la résistance est suffisante, on allume un feu doux qui sèche ces couches superposées et fait fondre la cire, qui s'écoule par des évents. Ensuite on achève

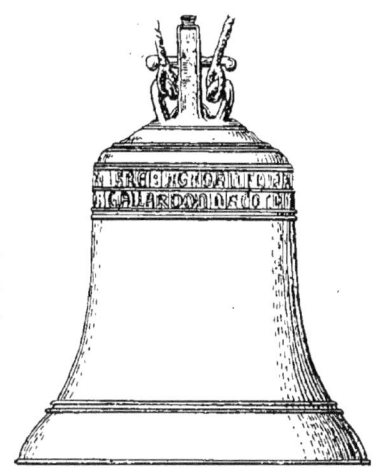

Fig. 58. — Cloche de l'église de Gallardon (XVᵉ siècle).

la *chape* et on lui donne une épaisseur convenable — épaisseur réglée par la dernière échancrure de la planche ; — puis, lorsque le tout a pris la consistance indispensable, on garnit la *chape* d'une armature en fer, qui permet de l'enlever à l'aide d'un treuil. On la soulève, on retire le *modèle;* on enfume la *chape* en faisant brûler de la paille ; on la remet exactement à la place qu'elle occupait ; on remplit la fosse avec de la terre fortement tassée, et quand tous ces préparatifs ont été achevés ; quand, par la fusion, le métal a été amené dans le fourneau voisin à l'état liquide, on le laisse couler, par un canal nommé *écheneau,* dans le godet ménagé juste au-dessus du moule. Et le bronze, se précipitant dans l'espace vide, antérieurement occupé par le *modèle,* revêt la forme souhaitée.

Après cela, il n'y a plus qu'à laisser refroidir, et, quand le refroidissement est achevé, à vider la fosse, à briser la *chape,* et la cloche apparaît à découvert. On l'enlève à son tour à l'aide du treuil ; on la complète en attachant le battant ; on la bénit et on la met en place.

La fonte des grosses cloches, nous l'avons dit, constitua de tout temps un travail exceptionnel. Pour pouvoir occuper leur personnel d'une façon moins accidentelle, les fondeurs furent donc obligés d'entreprendre des ouvrages d'un usage plus répandu. Les mortiers de bronze de toutes tailles, jadis si nombreux dans les cuisines de nos aïeux et dans les officines des apothicaires, les occupèrent d'abord ; puis vint, nous l'avons rappelé plus haut, la fabrication des fauconneaux, bombardes, coulevrines et autres engins de l'artillerie naissante. Ce qui faisait dire à Savary des Bruslons : « La fonte des cloches tient, pour ainsi dire, le milieu, pour l'antiquité, entre celle des statues et celle de l'artillerie, étant de bien des siècles plus nouvelle que la première, et ayant été pratiquée onze ou douze cents ans plus tôt que la seconde. »

Le cercle des opérations des fondeurs français s'étendit surtout après la destruction de Dinan par Philippe le Bon, de telle sorte qu'à la fin du xve siècle ils exerçaient leur compétence sur tous les articles d'ameublement et d'art, de service courant aussi bien que d'usage exceptionnel. S'il en fallait une preuve, nous invoquerions la *loi* des fondeurs de Rouen, qui, remontant au xve siècle et renouvelée au milieu du xviie, porte un article premier conçu dans les termes qui suivent :

Tous Maistres dudit Mestier pourront faire et vendre toutes marchandises comme : canons, mortiers d'artifice et toutes machines de guerre, cloches, clochettes, mortiers d'apothicaires, timbres à horloges, cimbales, miroirs de glaces, moules d'estaimiers (potiers d'étain), landiers, chandeliers, candélabres, lutrins, clôtures, crucifix de toutes sortes de grandeur, chérubins de toutes façons, anges de cuivre et toutes autres figures de cuivre, pommes et pommettes de landiers de fer, pots, marmites et chaudières, poulies, poids à peser, chantepleures, entonnoirs de toutes sortes, ciboires, soleils, mouchettes, marcs et poids de cuivre, tant grands que petits, servant à peser or et argent et autres choses, palettes, pincettes, tenailles et fourchettes de cuivre, lampes de toutes grandeurs, étriers, gardes d'épées, bossettes, éperons, et toutes sortes de boucles tant à harnais de carrosses, que baudriers, clous servant tant à carrosses, chaizes, bahuts, que selles de cheval, dés à coudre à homme, à femme, et généralement toutes sortes de marchandises dépendantes de fonderie, tant en terre, sable, pierre, cire perdue, brique, etc.

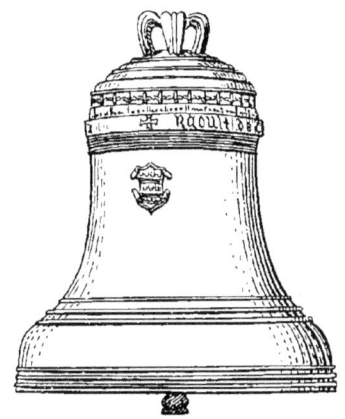

Fig. 59. — Cloche de Notre-Dame-de-Bon-Secours à Orléans (XVIe siècle).

On sera frappé par cette longue énumération, et par la variété d'articles qu'elle comporte. La mention de chacun d'eux cependant a son importance, parce qu'étant donnée l'âpreté avec laquelle les anciennes Corporations défendaient leurs privilèges, il suffisait que la fabrication d'un objet fût attribuée à un *Métier* pour qu'elle demeurât interdite à tous les autres. Or, ce mélange de canons, de cloches, de mortiers, de chandeliers, d'étriers, de landiers, etc., avec les crucifix, les chérubins, les anges et « toutes autres figures », c'est-à-dire avec les statues et statuettes, ne laisse pas que d'être un peu troublant. On comprend parfaitement qu'une pareille promiscuité, un semblable amalgame, aient été grandement préjudiciables aux œuvres d'art pur ; et quoique, parmi les moyens d'exécution dont ils avaient l'exploitation exclusive, les fondeurs eussent pris soin de mentionner la *cire perdue,* on se persuade facilement que les procédés expéditifs durent prendre forcément le pas sur les méthodes compliquées, délicates, hasardeuses et par conséquent plus coûteuses, qui réclamaient un personnel spécial, longuement dressé, et possédant un sens artistique que n'exigeaient pas les autres travaux de l'atelier.

Et c'est ainsi que s'explique la dégénération progressive du bel art des *statuarii,* l'oubli et la perte de leurs procédés; car, comme le remarque M. Fontenay, dans son livre intitulé *les Bijoux,* toute profession qui cesse d'être exercée, ne tarde pas à se perdre et à disparaître.

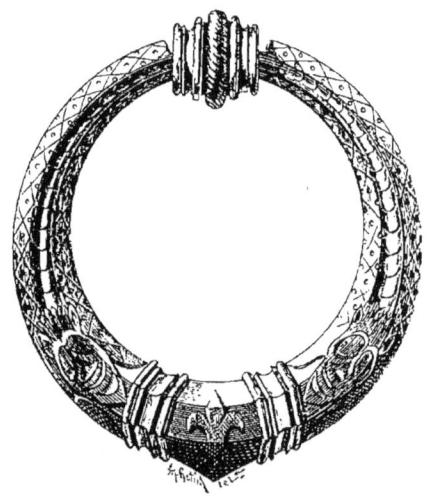

Fig. 60. — Marteau de porte du palais Guadagni, à Florence.

IV

LA RENAISSANCE

Il est, dans les *Mémoires* de Benvenuto Cellini, un passage à la fois curieux et célèbre, déjà mis à contribution dans la première partie de ce livre, et qui intéresse au plus haut point l'art du bronzier. C'est celui où il raconte, avec force détails, la fonte de sa célèbre statue de *Persée*.

Ce groupe, plus vanté peut-être qu'il ne mérite, se compose — chacun le sait — d'un piédestal très riche (trop riche, au dire de certains critiques), décoré de niches qui contiennent elles-mêmes des statuettes fort jolies. Sur ce piédestal se tord, en une dernière convulsion, le corps de la Gorgone décapitée, corps médiocrement plastique, et jetant, par son cou béant, un flot de sang peu ragoûtant. Enfin, monté sur ce cadavre encore pantelant, Persée, magnifiquement casqué, tenant de la main droite un superbe glaive, lève de sa main gauche le chef qu'il vient de trancher, comme faisait au xvie siècle le bourreau montrant la tête du supplicié à la foule avide de sanglants spectacles. Nous avons déjà longuement parlé de cette fonte. Nous demandons, toutefois, la permission d'y revenir. Le sujet est de trop d'importance, pour ne pas entrer à nouveau dans certains détails.

Cette belle œuvre fut exécutée en trois parties séparées Le corps de la Gorgone fut fondu le premier. Ensuite vint le *Persée*. Le piédestal ne fut jeté en bronze que plus tard. La fonte de la Gorgone réussit à merveille. Elle ne présentait pas de difficultés sérieuses. Il n'en était pas de même de celle du *Persée*, à cause de la hauteur exceptionnelle de la figure qui lève le bras gauche.

Lorsqu'il s'agit de construire la *chape* destinée à envelopper le modèle en cire, Cosme de Médicis, pour qui Benvenuto exécutait la statue, vint, nous l'avons déjà raconté, la voir dans l'atelier du sculpteur, et déclara qu'elle ne pouvait être fondue par le procédé que le statuaire prétendait employer. Les canaux chargés d'amener le métal en fusion aboutissaient aux épaules. Il fallait donc que le métal remontât par le bras, pour aller emplir la tête de Méduse, que le *Persée* tenait en l'air. Le prince affirmait que la chose était impossible. Cellini soutenait, au contraire, que « la force ascendante du feu » chasserait la matière en fusion dans les parties élevées, et que seules les parties basses, les pieds par exemple, risquaient de manquer de métal. La discussion fut longue, paraît-il, orageuse même, si l'on en croit le récit très circonstancié de l'artiste. L'événement, toutefois, donna raison au sculpteur.

Soit à cause de cette discussion mémorable, soit qu'il voulût faire connaître à la postérité les procédés employés par lui pour l'exécution d'une œuvre qu'il jugeait capitale, le grand artiste entre, à l'occasion de cette fonte, dans une suite de détails techniques d'une rare précision, et dont l'importance est trop grande pour que nous ne relations pas de nouveau les opérations successives auxquelles cette entreprise donna lieu[1].

Pour bien suivre ces opérations, il faut nous souvenir de ce que nous avons déjà dit, dans le chapitre consacré à la *fonte à cire perdue*. Au moment où ce récit commence, le *noyau* a été préparé, revêtu de son enveloppe de cire, que le statuaire a reprise avec tout le soin désirable. « Je couvris mon *Persée*, écrit-il, avec des terres que j'avais préparées plusieurs mois à l'avance. Dès que j'eus achevé ma chape de terre, que je l'eus soigneusement garnie d'une bonne armature de fer, je commençai, à l'aide d'un petit

---

[1]. Voir *Œuvres complètes de Benvenuto Cellini*, traduites par L. Leclanché (*Mémoires*), t. II, p. 109 et suiv.

feu, à la dépouiller de la cire, qui sortait par une foule d'évents ; après avoir extrait la cire, je construisis autour de la chape un fourneau à capsule, en briques disposées les unes sur les autres, de manière à laisser entre elles une foule d'espaces vides propres à faciliter la circulation de la

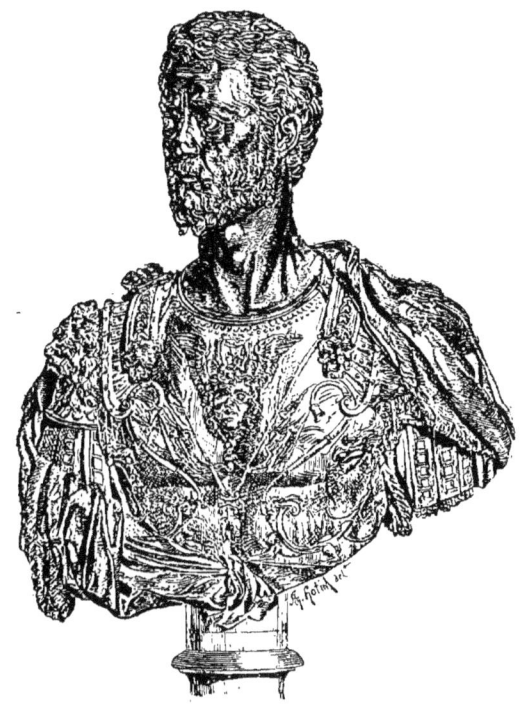

Fig. 61. — Buste de Cosme de Médicis, par Benvenuto Cellini.

flamme. Puis, durant deux jours et deux nuits, je la chauffai continuellement, jusqu'à ce que toute la cire fût sortie, et le moule parfaitement cuit. Alors je commençai à creuser une fosse, pour y enterrer mon moule suivant les règles de l'art. Quand ma fosse fut prête, je pris mon moule, et, à l'aide de cabestans et de solides cordages, je le redressai avec soin et le suspendis à une brasse au-dessus du plan de mon fourneau, en le dirigeant de façon qu'il gravitât précisément vers le centre de la fosse. Je le fis alors descendre tout doucement au fond, où on le déposa avec toutes les précautions imaginables. Ceci fait, je remplis ma fosse avec la terre que j'avais enlevée, en ayant soin d'y placer, à mesure qu'elle s'amoncelait, en guise d'évents, des petits tuyaux de terre cuite. Lorsque je vis que j'avais bien consolidé le moule, et que je pouvais me fier à mes ouvriers, qui comprenaient parfaitement ma méthode, si différente de celle des autres maîtres, je tournai mes pensées vers mon fourneau. »

Une série d'accidents marqua cette seconde partie de l'opération. L'atelier dans lequel Benvenuto opérait consistait en un hangar, construit spécialement pour la circonstance. Cette bâtisse légère prit feu à diverses reprises. Le fourneau lui-même avait un tirage exagéré, qu'il fallut tempérer. Le vent et la pluie se mirent de la partie. Bref, après avoir remédié à ces inconvénients, Benvenuto, harassé, enfiévré, dut se coucher, espérant trouver un peu de repos et quelque force nouvelle dans un sommeil réparateur. Mais il fut bientôt tiré de cette douce quiétude. « J'avais fait emplir le fourneau, écrit-il, d'un nombre considérable de lingots de cuivre et de bronze, amoncelés les uns sur les autres. » Malheureusement le cuivre se trouvait en trop grand excédent, et la fusion s'opéra d'une façon incomplète. On vint donc l'avertir de ce qui se passait. Il faut lire dans sa *Vita* le récit à la fois naïf et emphatique de l'accès de fureur et des ridicules violences qui suivirent cet avertissement. « Je courus sur-le-champ à mon fourneau, continue-t-il, et je vis que le métal s'était tout coagulé et, pour me servir d'un terme de fonderie, avait formé gâteau. J'envoyai deux manœuvres chercher en face, dans la maison du boucher Capretta, une pile de bois de jeunes chênes, qui étaient sciés depuis plus d'un an… Je remplis la fournaise. Comme le chêne produit un feu plus violent que toute autre espèce de bois, il arriva que mon gâteau commença à se liquéfier et à étinceler, dès qu'il eut commencé de sentir ce feu infernal... Alors je fis prendre un demi-

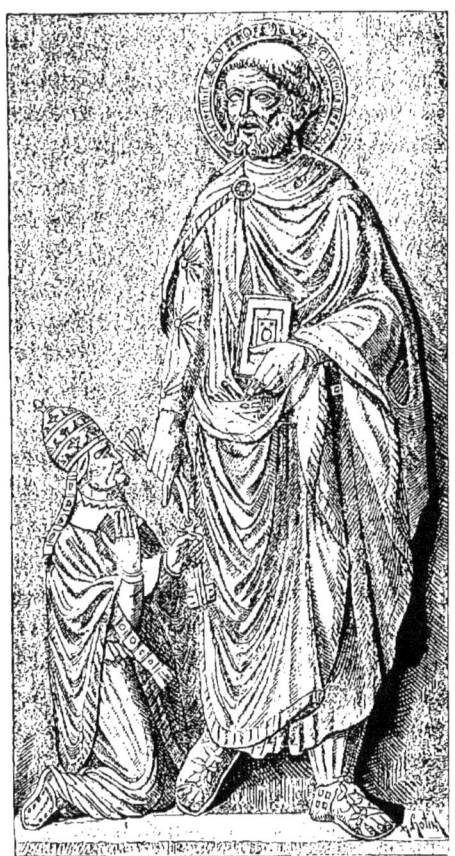

Fig. 62. — Saint Pierre et le pape Eugène IV. (Porte de bronze de Saint-Pierre du Vatican.)

pain d'étain qui pesait environ 60 livres, et je le jetai dans le fourneau sur le gâteau, qui, grâce au chêne qui le chauffait en dessous et aux leviers avec lesquels nous l'attaquions en-dessus, ne tarda pas à devenir liquide... Bientôt nous aperçûmes que le couvercle de la fournaise avait éclaté et que le bronze débordait. J'ordonnai d'ouvrir de suite la bouche de mon moule, et en même temps de frapper sur les deux tampons. Ayant remarqué que le métal ne courait pas avec la rapidité habituelle, je pensai qu'il fallait peut-être attribuer sa lenteur à ce que la violence du feu auquel je l'avais soumis avait consumé l'alliage. Je fis alors prendre tous mes plats, mes écuelles, mes assiettes d'étain, qui étaient au nombre d'environ deux cents; j'en mis une partie dans mes canaux et je jetai l'autre dans le fourneau. Mes ouvriers, voyant que le bronze était devenu parfaitement liquide et que le moule s'emplissait, m'aidaient et m'obéissaient avec autant de joie que de courage. »

Nous passons sous silence les emportements de joie du statuaire succédant à ses emportements de colère et de désespoir, ses lyriques invocations à l'intervention divine, son appétit féroce, son repos réparateur et le joyeux banquet que tout le personnel — collaborateurs habituels du maître, et fondeurs embauchés spécialement pour la circonstance — effectua une fois l'opération terminée. Nous allons assister maintenant à la constatation du résultat obtenu.

« Après avoir laissé refroidir le bronze pendant deux jours, continue Benvenuto, je commençai à le découvrir peu à peu. Je trouvai d'abord que la tête de la Méduse était parfaitement venue, grâce aux évents et, comme je l'avais annoncé au duc, parce que le feu, de sa nature, tend à s'élever. En continuant de fouiller, je rencontrai l'autre tête, c'est-à-dire celle du *Persée,* qui était également réussie. J'en fus beaucoup plus étonné, car, on le sait, elle est infiniment plus basse que celle de la Méduse. Par un bonheur inouï, le bronze qui était dans mon fourneau se trouva exactement suffisant pour terminer la tête : chose surprenante ! il n'en resta pas un grain dans les canaux, et rien ne manqua à la mesure qui m'était nécessaire. Cela me parut un miracle opéré par Dieu. Je poursuivis mon exhumation avec le même succès : tout se présentait heureusement. Lorsque j'arrivai au pied de la jambe droite, qui pose à terre, je m'aperçus que le talon était venu, puisqu'il était entier. En finissant de le découvrir, je vis qu'il manquait non seulement les doigts, mais encore près de la moitié du pied. Bien que cet accident dût me donner un peu plus de travail, j'en fus enchanté, car il devait prouver au duc que je savais mon métier... Dès que je vis mon œuvre si bien venue, j'allai à Pise trouver le duc et la duchesse, qui me firent l'accueil le plus aimable qu'on puisse imaginer. »

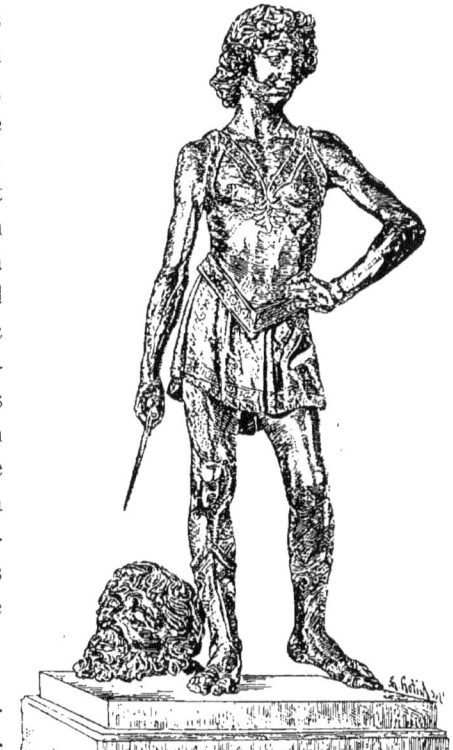

Fig. 63. — *David*, par Andréa Verrocchio.

A relire attentivement ce récit, — précieux à tant d'égards, — on serait porté à croire que Benvenuto Cellini fut, sinon le créateur, du moins le rénovateur de l'art admirable des *statuarii* romains, et qu'avant le *Persée* on n'avait pas, depuis l'Antiquité, réalisé d'entreprises pareilles. Il n'en est rien.

Ainsi que nous l'avons expliqué dans la partie technique de ce livre, il s'agit là d'un procédé non pas entièrement nouveau, mais simplement plus audacieux que ceux employés par les émules de Benvenuto, qui, longtemps avant lui, avaient donné le jour à d'impérissables ouvrages.

Si les corporations de fondeurs avaient, en France et dans les Flandres, laissé se perdre les bonnes traditions; si l'habitude de fondre en *plein* ou *massif,* de mêler un peu imprudemment la fonte des canons et des cloches à celle des statues, avait amené une décadence dans les procédés; si nos artisans avaient pris l'habitude funeste de donner à leurs figures de bronze une épaisseur excessive, comme on en peut juger par cette suite curieuse de princes de la maison de Bourgogne, exposée à Amsterdam au *Rycks Museum,* ou par la petite statue de Charlemagne que possède le musée de la ville de Paris; encore en Italie n'en était-il pas de même. Depuis longtemps, des artistes du plus haut mérite, de la valeur la moins discutable, qui faisaient marcher de front l'art du statuaire et celui de l'orfèvre, étaient arrivés à restituer les procédés des Anciens, et à confectionner des œuvres qui supportaient la comparaison avec les beaux ouvrages de la Grèce et de Rome.

Sans remonter jusqu'aux frères Ubertus et Petrus, à la fois moines et bronziers, qui, en 1196, avaient fondu les portes de bronze de la sacristie de Saint-Jean de Latran, et, en 1203, les battants du fameux baptistère voisin de la basilique; sans même s'arrêter à Andréa Ugolini, de Pise, qui, prédécesseur de Ghiberti, avait, en 1330, livré à Florence les premières portes de bronze de son non moins célèbre baptistère, Benvenuto grand voyageur, à l'esprit inquiet et chercheur, n'était pas sans avoir contemplé, en Italie, une foule d'ouvrages du même genre, qui avaient mérité l'admiration de ses contemporains, et qu'il devait lui-même qualifier de chefs-d'œuvre.

C'est en 1554 qu'il exposa son *Persée* à la *Loggia de' Lanzi;* et dès 1446, à Florence même, Lorenzo Ghiberti avait achevé les merveilleux bas-reliefs qui devaient immortaliser son nom. Sept ans plus tard, Donatello dressait sur la place Saint-Antoine, à Padoue, la figure si fière, si martiale, de Guattemalata, première statue équestre qu'on eût fondue depuis l'Antiquité. De ce même grand artiste, notre statuaire connaissait le *David vainqueur,* qui ne quitta jamais Florence, et le groupe de *Judith et Holopherne,* qui, inauguré en 1495, au moment où Pierre de Médicis fuyait devant la révolution triomphante, était considéré depuis lors, par les Florentins, comme le symbole de la tyrannie vaincue. Non seulement Benvenuto avait étudié ces ouvrages admirables, mais il les appréciait si bien, qu'au commencement de son *Traité de la sculpture* il écrivait : « Donatello et Lorenzo Ghiberti ont prouvé, par leurs chefs-d'œuvre en marbre et en bronze, que les Modernes peuvent lutter avec les Anciens. »

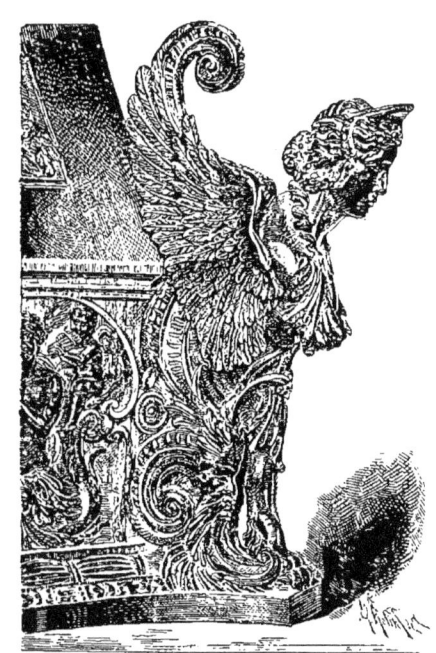

Fig. 64. — Détail d'un candélabre en bronze.
(Église de Saint-Antoine, à Padoue.)

En outre, il avait vu à Rome les portes du Vatican fondues par Philarète, ainsi que l'admirable tombeau de Sixte IV, du Pollajolo, — tombeau achevé en 1493, où la figure du souverain pontife apparaît encadrée des *Arts libéraux* et des *Vertus,* et qui, suivant l'expression de Didron aîné, « remplit de sa beauté la vaste chapelle du Saint-

Sacrement à Saint-Pierre du Vatican ». Il n'ignorait pas non plus, ayant séjourné à Venise, qu'un contemporain de Donatello, Alessandro Leopardi, avait exécuté les piédestaux fameux des mâts qui ornent la *Piazza*, et que Verrocchio, dont il avait remarqué le gracieux *David,* avait doté cette ville d'un *Colleone* à cheval, plus célèbre encore que le *Guattemalata* de Padoue. Médailleur à ses heures, il avait certainement apprécié les jolis bronzes de Giovanni Turini, de Duccio, de Bertoldo, de Moderno, de Caradosso, qui tous l'avaient précédé dans la carrière. Enfin notre Benvenuto connaissait bien l'*Hercule assommant Cacus* de Baccio Bandinelli, qui orne encore la place *della Signoria,* puisqu'il en avait fait, devant ses protecteurs, une critique passionnée, quant à la forme, mais sans en attaquer l'exécution.

Faut-il ajouter qu'avant de mettre la main au *Persée,* il avait, lors de son séjour en France, fondu un certain nombre de statues au moins aussi importantes? « Je dirai, écrit-il dans son *Traité de sculpture*[1], que j'eus occasion de faire à Paris, pour le roi François Ier, quelques ouvrages en bronze, dont les uns furent menés à bonne fin, et les autres laissés inachevés pour divers empêchements. — Entre autres choses, je terminai une statue de bronze, grande de sept brasses, renfermée dans un hémicycle également en bronze, représentant la Nymphe de Fontainebleau, ravissante villa appartenant au roi. » Suit la description de cette belle œuvre, qui est suffisamment connue, et qu'on peut voir au Louvre dans la *Salle de Michel-Ange*. Notre homme parle aussi de statues colossales qu'il exécuta à l'hôtel de Nesle, de son fameux *Jupiter* en argent, de six pieds de haut, très admiré par François Ier, du buste de Bindo, fils d'Antonio Altoviti, qu'il avait expédié à Rome, etc., etc. Dès lors on se demande pourquoi il donne, dans ses *Mémoires,* une importance si exceptionnelle à la fonte du *Persée.*

---

1. *Traité de la sculpture,* chap. Ier (*Œuvres complètes,* t. II, p. 359).

C'est que tout simplement le *Persée,* comme nous l'avons expliqué dans notre première partie, fut fondu d'après un procédé légèrement différent de ceux employés jusque-là. Mais les autres méthodes ne donnaient pas des résultats moins satisfaisants. Ces méthodes mêmes étaient d'une si courante pratique, qu'il suffit de la présence à la Cour de France de quelques artistes italiens, notamment de Paul Ponce, pour que nos fondeurs français marchassent rapidement sur les traces de leurs confrères de Florence, de Venise et de Rome. Les conseils des artistes transalpins leur manquant, ils n'en fussent pas moins arrivés, du reste, à des résultats surprenants. Témoin Pierre de Backère, qui, de 1495 à 1501, exécuta l'admirable tombeau de Marie de Bourgogne, et mourut paralysé et empoisonné par les émanations du mercure qu'il avait employé à la dorure de ce monument admirable.

Bien mieux, si l'on en croit Cellini, nos compatriotes et leurs confrères flamands dépassèrent leurs concurrents étrangers, ou du moins émirent la prétention de faire mieux qu'eux, en produisant des fontes si parfaites qu'elles n'avaient presque pas besoin d'être réparées. « Il y a, écrit-il[1], des Allemands et des Français qui se vantent d'avoir trouvé d'admirables secrets pour jeter des figures en bronze sans qu'il soit nécessaire de les réparer ensuite. » Quelles étaient au juste les capacités de ces prétentieux fondeurs français du xvie siècle? C'est ce qu'un certain nombre d'ouvrages particulièrement remarquables vont nous apprendre.

Certains auteurs racontent que le Rosso, jaloux des faveurs extraordinaires dont François Ier comblait le Primatice, obtint du roi, pour éloigner ce rival, que celui-ci fût envoyé à Rome, à l'effet de faire mouler les plus belles statues antiques alors connues. « Ce fut, écrit à ce propos

---

1. *Mémoires,* livre VII (*Œuvres complètes,* t. II, p. 8).

Émeric David, un des plus grands bienfaits de François 1er envers les beaux-arts[1]. » Benvenuto, toujours très personnel et se découvrant des ennemis partout, paraît croire que le Primatice sollicita cette mission, pour ruiner par la comparaison le crédit que lui, Cellini, s'était acquis à la Cour[2]. Toujours est-il que le Primatice fit le voyage, rapporta les moules d'un certain nombre d'œuvres célèbres, notamment l'*Apollon du Belvédère,* la nymphe endormie dite *l'Ariane* ou *la Cléopâtre,* le *Laocoon,* le *Tibre,* le *Commode en Hercule,* etc., et que ces chefs-d'œuvre, moulés en plâtre, couverts de cire et réparés par Laurens Regnaudin, Jean Leroux et Jean Challuau, furent jetés en bronze par quatre maîtres fondeurs français, dont les *Comptes des Bastimens du Roy*[3] nous ont conservé les noms. Ils s'appelaient Benoist le Bouchet, Guillaume Durant, Pierre Beauchesne et Francisque Rybon.

Ces mêmes *Comptes* nous apprennent que le Primatice ne rapporta pas moins de cent trente-trois caisses, remplies de fragments antiques et d'autres moulages, parmi lesquels se trouvaient sans doute le *Caracalla,* l'*Anacréon,* la *Poppée,* l'*Hadrien,* la *Julie,* dont on voit des reproductions au Louvre dans la *Galerie Denon,* où se trouvent précisément le *Laocoon,* le *Tireur d'épines,* le *Commode,* etc., fondus par les soins du Primatice.

Ajoutons que, sans sortir du Louvre, on peut contempler d'autres spécimens du savoir-faire de nos fondeurs français du xvie siècle, qui ne sont ni moins satisfaisants ni moins honorables pour notre art national. L'admirable figure agenouillée du cardinal-chancelier René de Birague, chef-

---

1. *Tableau historique de la sculpture française,* p. 167.
2. Au sujet de ces jalousies singulières d'artistes, et de l'envoi du Primatice à Rome, ainsi que de son retour suivi de la mort volontaire du Rosso, voir l'*Abecedario* de Mariette, t. V, p. 17.
3. Le marquis de Laborde, *Comptes des bâtiments du roi,* t. 1er, p. 192 et 201.

d'œuvre de Germain Pilon ; le Tombeau d'Albert de Savoie, prince de Carpi, provenant de l'église des Cordeliers, à Paris, où il fut érigé en 1555. Les figures allégoriques dont Barthélemy Prieur décora le tombeau du connétable Anne de Montmorency et celui de Christophe de Thou, sont des

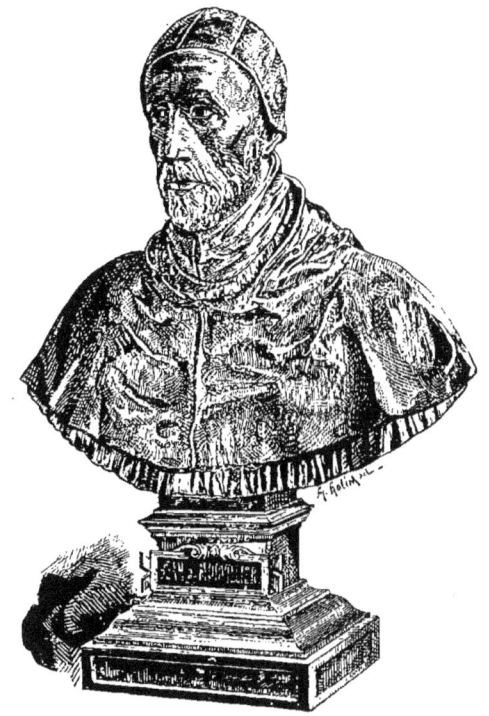

Fig. 65. — Buste de Jean de Morvilliers, par Germain Pilon.

ouvrages qui peuvent supporter toutes les comparaisons et tous les voisinages. Il en est de même du buste de Jean de Morvilliers par Germain Pilon.

L'exécution absolument supérieure de ces beaux ouvrages, ne fait que redoubler notre regret de ne pas être mieux renseigné sur les bronziers, dont les connaissances techniques vinrent seconder l'habileté, le talent, le savoir de nos sculpteurs. C'est à peine, en effet, si, en dehors des noms trop rares que nous venons de citer, quelques autres nous sont signalés par les écrivains du temps et par les vieux comptes. Blaise de Vigénère, le traducteur de Philostrate, parle d'un certain Jacques d'Angoulême « comme le plus excellent imager françois tant en marbre qu'en fonte ». Les descripteurs de Beauvais nous ont transmis le nom du fondeur Pierre Vaisseur; ceux de Paris, celui du fondeur Étienne Barillet, qui exécuta, en 1521, la clôture du chœur de Notre-Dame. Mais que sont ces trop rares mentions, auprès de tout ce que nous ignorons, et que sans doute nous ignorerons toujours? Heureusement que, pour les siècles suivants, les documents se font plus nombreux, et se montrent moins avares de renseignements.

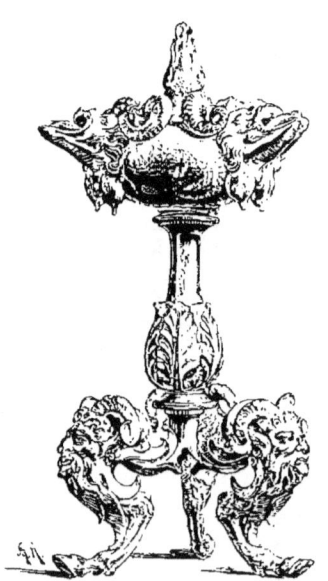

Fig. 66. — Lampe italienne en bronze (xvie siècle).

V

LES TEMPS MODERNES

Les remarquables progrès réalisés par nos fondeurs du XVIe siècle, et leur supériorité sur leurs devanciers, s'expliquent par la situation toute nouvelle que la protection si libérale de François Ier et de ses successeurs fit aux artistes, que ces rois honorèrent de leur royale bienveillance. Désormais en possession d'une influence, d'une notoriété précédemment inconnues, ils purent intervenir, d'une façon directe et même efficace, dans la confection de leurs œuvres de métal. La riche et puissante Corporation des fondeurs demeura bien en possession de l'exclusif privilège de jeter en bronze les statues, groupes, bustes, figures, etc., que produisaient nos sculpteurs; mais ses membres durent tenir compte des indications qui leur étaient données. Parfois même les artistes sont, dès cette époque, considérés dans des actes officiels comme entrepreneurs et forfaitaires de travaux importants.

C'est ainsi que, dans un contrat passé en août 1587 par-devant Jean Lenormant et François Delafonse, notaires du roi au Châtelet de Paris[1], nous voyons Germain Pilon s'engager à exécuter un « gisant » représentant l'abbé de Sainte-Geneviève, Joseph Foulon, « grand comme le naturel, ayant les mains jointes et le visaige représentant le dit Sr Révérend, le mieux que faire se pourra, accompagné de sa mytre, crosse, etc. », et promettre de « rendre toutes icelles ouvraiges faictes et parfaictes, bien et duement comme est dict, de franc bronze et cuyvre, vacuer à la

---

1. Étude de Me Albert Yver, notaire à Paris.

peyne d'ouvriers et aultres choses à ce nécessaires, et les rendre faictes et posées à l'endroit et place, etc. », le tout moyennant le prix de 300 écus d'or. Il est clair qu'avec un pareil marché en poche, Germain Pilon, libre de choisir son fondeur, demeurait « maître de l'œuvre ».

Nous possédons pour le xvii° siècle des marchés analogues. Le 20 mai 1685, J.-B. Tuby et Antoine Coyzevox s'engageaient — également par acte notarié — à exécuter le tombeau de Colbert, et s'obligeaient à fournir « tous marbres, bronze, pierre, stucq..., peines d'ouvriers, etc. ». La figure principale était en marbre, il est vrai, mais les ornements en bronze doré, dessinés par Le Brun, jouaient un rôle important dans l'ensemble. Enfin (document non moins intéressant) une expertise faite par l'illustre Mansart, en 1688, nous apprend que Coyzevox, chargé d'exécuter le buste du prince de Condé, réclamait, « pour avoir fait le modèle et fourny la cire, fait mousler, pour touttes les ustensiles et avoir fondu en bronze », une somme de 1,600 livres[1]. Ici encore le sculpteur était entrepreneur forfaitaire, et libre de diriger le travail comme bon lui semblait.

Mais nous avons aussi la contre-partie de ces engagements. Ce même abbé Foulon, dont nous parlions à l'instant, commandait, en 1586, à « Jehan Charetier, maistre fondeur, demeurant à Paris rue Garnier-Sainct-Ladre », une importante clôture, se composant de colonnes, arcades, candélabres, chérubins, crucifiements, etc., etc. Cette fois, c'était le fondeur qui fournissait le modèle. De l'artiste il n'était plus question.

Parfois les parties contractantes traitaient séparément avec l'auteur du modèle et ensuite avec le fondeur. En 1547, les religieux des Célestins de Paris ayant résolu de décorer le cloître de leur couvent, leur architecte, Pierre Hanon, commanda à M° Jaspart, « ymagineur », le modèle

---

1. *Dictionnaire de l'ameublement et de la décoration*, 2° édit., t. II, art. FONDEUR.

d'un groupe représentant Jésus en croix, les quatre Évangélistes et la Madeleine, et, « pour mestre en cuivre » ces diverses figures, s'adressa à un fondeur, dont le nom ne figure pas au compte. Mais Mᵉ Jaspart reçut pour son salaire 11 livres 5 sols tournois, alors que le fondeur touchait 40 livres tournois pour ses fournitures et sa peine : la différence du prix a son éloquence [1].

Les fondeurs parisiens, qui avaient obtenu en 1573, du roi Charles IX, la confirmation de leurs statuts et l'extension de leurs privilèges, n'étaient pas gens, du reste, à lâcher facilement leur proie. L'autorité royale eut elle-même à compter avec eux. Leurs prérogatives professionnelles étaient si bien établies, qu'en 1603, Henri IV fut obligé d'octroyer à l'illustre médailliste Guillaume Dupré une autorisation spéciale, pour qu'il pût fondre, en personne, les médailles d'or et d'argent qu'il avait gravées du roi et de la reine. Encore les orfèvres et fondeurs, bien que Dupré opérât au Louvre (c'est-à-dire dans le palais du roi), se tinrent-ils pour lésés dans leurs droits. Ils protestèrent en conséquence contre la décision royale. Un long procès s'ensuivit, et il fallut que le Parlement tranchât la question par l'enregistrement des « lettres patentes » accordées au grand artiste, pour que celui-ci pût continuer d'exécuter les chefs-d'œuvre qu'on lui avait commandés [2].

C'est ce qui explique comment les écrivains du XVIIᵉ siècle citent très peu de statues importantes, et même d'objets d'art, dont la fonte ait été exécutée par les statuaires eux-mêmes. On croit, et non sans apparence de raison, que le célèbre Jean Warin fondit et cisela les beaux bustes qu'il fit de Louis XIII et de Louis XIV, ainsi que celui du car-

---

[1]. *Archives de l'art français*, t. V, p. 73.
[2]. M. J. Guiffrey a longuement raconté ce débat émouvant avec preuves à l'appui. Voir *Nouvelles Arch. de l'art français*, année 1872, p. 179, et 1873, p. 172.

dinal de Richelieu, offert par la duchesse d'Aiguillon à la Sorbonne. « Maître de la monnaie, » titre qu'il devait exclusivement à son admirable talent de sculpteur et de graveur[1], Warin savait trop bien se mesurer avec le métal, pour que sa participation à ces ouvrages — auxquels ses contemporains prétendaient qu'on « ne saurait donner trop de louanges[2] » — ne soit pas très probable.

Dans un ordre moins relevé, on peut citer un élégant vase de bronze, qui servit longtemps de baptistère dans l'église de Rochefort, et qui, daté de 1659, porte la signature de Léonard Hervé, sculpteur et fondeur[3]. On sait encore que le statuaire Martin Desjardins jeta lui-même en bronze le Louis XIV qui, à Paris, décora jusqu'à la Révolution la *place des Conquêtes,* devenue depuis *place des Victoires.* Le fait fut même consigné dans les fastes de l'Académie[4]. Mais pour les autres grands ouvrages de ce temps, ils furent exécutés, pour la plupart, par les fondeurs de la maison du roi, notamment par Jean Breton, Étienne Henri, Pierre Chauvin, Pierre Ladoireau. On sait en outre que les quatre

---

1. Ses mœurs en effet, au dire de ses contemporains, n'étaient pas très recommandables. Les aventures de Warin ne firent guère moins de bruit que son talent, et lui valurent, de son vivant même, plus de célébrité. Il fut à la veille d'être pendu par Laffemas pour crime de fausse monnaie. Accusé en outre d'avoir empoisonné le premier mari de sa femme, et causé le suicide de sa belle-fille, qu'il avait obligée d'épouser un homme débauché et contrefait, ses faits et gestes fournirent des aliments nombreux à la chronique scandaleuse du temps. (Voir LORET, *Muse hist.*, lettre du 3 décembre 1651 ; — *Lettres choisies de Guy Patin,* la Haye, 1715, t. Ier, p. 190 ; — TALLEMENT DES RÉAUX, *Historiettes,* t. IX, p. 217.) Le désir que le roi et son ministre avaient de posséder de la belle monnaie et d'admirables médailles, non seulement l'aida à se tirer d'affaire, mais le fit combler de biens.
2. Voir l'article nécrologique publié dans le *Mercure* de 1673, t. IV, p. 38. Quoique ayant vu le jour à Liège, Jean Warin était d'origine française. Son père était né à Reims et s'était expatrié pour cause de religion, ainsi qu'il résulte de l'acte de naturalisation qui lui fut accordé en 1630.
3. R. P. Lesson, *Fastes hist. et archéol. de la Charente-Inférieure.*
4. *Mém. inédits des académiciens,* t. Ier, p. 396.

figures de bronze du mausolée du prince de Condé modelé par Sarrazin en 1648, et qui représentaient *la Religion, la Piété, la Justice* et *la Force*, furent fondues et achevées par le fondeur Perlan, le « fameux Perlan », dont Sauval et

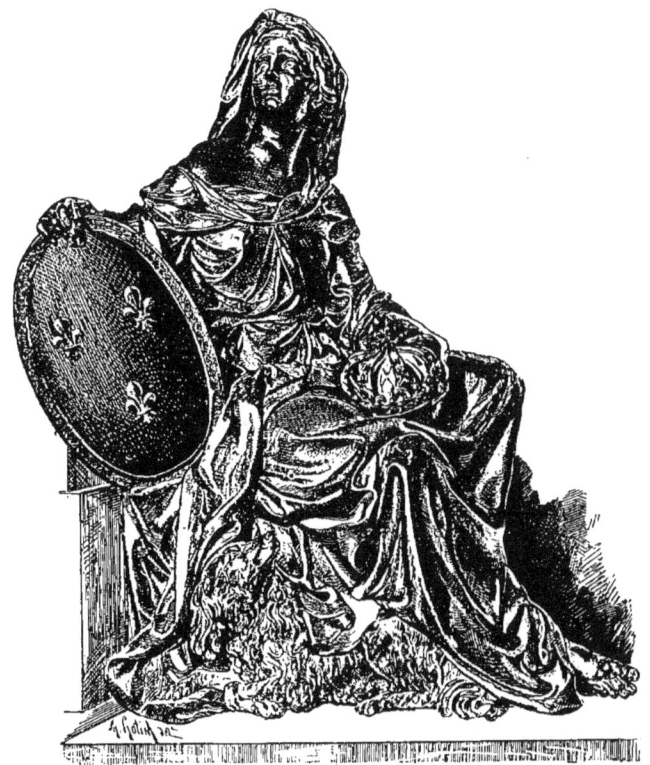

Fig. 67. — Figure du tombeau de Mazarin, par Coyzevox

Mariette parlent avec grand éloge; et cet artiste passe également pour avoir fondu et ciselé les admirables figures du tombeau de Mazarin, modelées par Antoine Coyzevox.

Ce furent les fondeurs Picard, Prévost, Sauterai[1] et

[1]. Un des descendants de Sauterai occupait, en 1741, le poste de commissaire général des fontes de l'artillerie de France.

Vanier qui furent chargés de l'exécution des bases, chapiteaux et ornements des colonnes du Val-de-Grâce. Leur confrère Duval jeta en bronze, pour l'église des jésuites de la rue Saint-Antoine (aujourd'hui Saint-Louis-Saint-Paul), un grand crucifix, avec saint Ignace à genoux et deux anges occupant le fronton, et tenant le nom de Jésus dans un soleil. Parmi les fondeurs du xviie siècle, il convient encore de citer Claude Butavand, qui fondit, à Lyon, la croix dont était ornée la place des Terreaux; Marcellin Chaumont, qui exécuta aussi à Lyon de nombreux travaux, notamment les armoiries du roi, celles de la Ville, du maréchal de Villeroy, de l'abbé d'Ainay, et le grand bassin qui recevait l'eau de la fontaine des Feuillants; et parmi les artisans parisiens, Collot, Hemonnet, Edme la Grande, etc., qui travaillèrent pour les palais et châteaux royaux.

Les noms de tous ces vaillants artisans méritent d'autant plus d'être arrachés à l'oubli, que leur réputation se trouve éclipsée par celle d'un bronzier illustre entre tous, Jean-Balthazar Keller. C'est, en effet, le seul professionnel de ce genre auquel P.-J. Mariette, dans son *Abecedario* (consacré à la mémoire des artistes qui ont cultivé les différentes branches du dessin), ait daigné accorder une mention biographique un peu détaillée.

« Il a été, écrit-il fort justement, le plus habile fondeur de son temps, et il a exercé son talent sur une infinité de figures de bronze, dont le plus grand nombre décorent les jardins de Versailles et de Marly. Il a, entre autres choses, fondu d'un seul jet, sur le modèle de Girardon, la statue équestre de Louis le Grand, qui se voit à Paris[1]. » Balthazar Keller, du reste, mérite ces éloges. Originaire de la Suisse et né, en 1638, d'une excellente famille, il avait été appelé à Paris par son frère, employé à l'Arsenal à la

---

1. *Abecedario de P.-J. Mariette*, publié par Ph. de Chennevières et A. de Montaiglon, t. III, p. 19.

fonte des pièces d'artillerie. En 1670, Louis XIV, ayant résolu, pour éviter des transports coûteux, d'établir ses fonderies de canons sur les frontières du royaume, Douai,

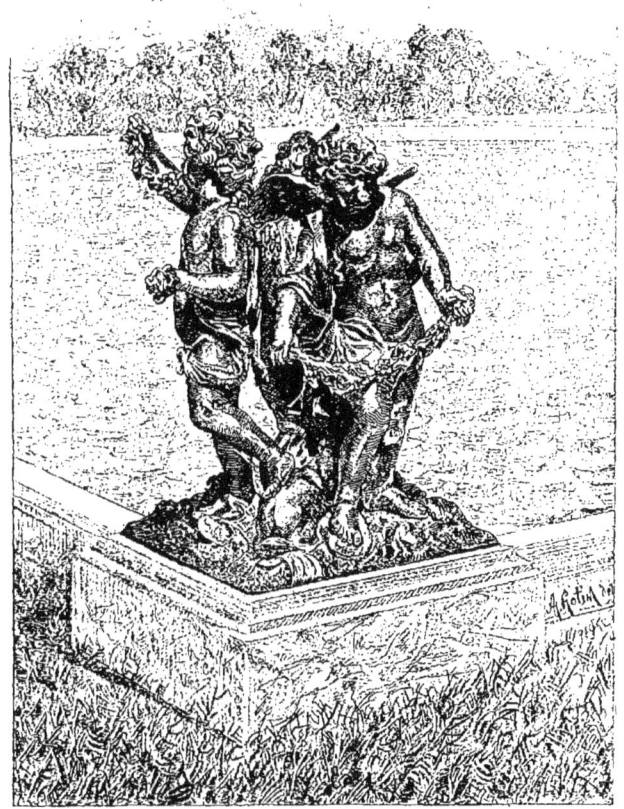

Fig. 68. — Groupe en bronze, fondu par B. Keller. (PARC DE VERSAILLES.)

Pignerol, Besançon, Brest et Toulon furent pourvus d'ateliers importants, construits sur le modèle de celui de Lyon, existant depuis cinquante ans, et qui avait été dirigé par Pierre Recordon, honoré du titre de « fondeur du roi ». Cette translation permit à Louvois de transformer l'Arsenal de Paris, et d'y instituer une « fonderie royale de statues et autres ouvrages pour les Bâtiments du Roy », dont, en 1683, il confia la direction à Balthazar Keller; et celui-ci, après l'achèvement de la fameuse statue de Girardon, reçut le titre de « commissaire général des Fontes de France ».

Un curieux *état,* qui fut produit après la mort de l'illustre bronzier, nous apprend que Keller était chargé à forfait de ces ouvrages, et moyennant un prix général qui paraîtra sans doute, à nos modernes fabricants de bronze, d'une modestie singulière. Cette pièce porte, en effet, que : « En vertu d'un marché fait avec M. de Louvois, au nom de Sa Majesté, d'une part, et ledit Keller de l'autre, le 21 décembre 1683, ce dernier s'est engagé à jetter en bronze, à cire perdue, toutes les statues qui lui seront ordonnées pour le Roy, par mondit sieur marquis de Louvois, de la hauteur d'entre six et huit pieds, de faire réparer lesdites cires par les plus habiles sculpteurs, et de fournir toutes les choses nécessaires pour faire les moules, fondre le métal et jetter en bronze lesdites statues, à ses frais et dépens; à la reserve du *couivre* et *lotton,* qu'on devoit lui fournir aux dépens de Sa Majesté. On a promis audit Keller, ajoute cette note, de lui payer la somme de 1,200 francs pour chacune figure de la hauteur de six et huit pieds, et 300 fr. d'augmentation pour celles qui iroient au-dessus de huit pieds, et 300 fr. de diminution pour celles qui iroient au-dessous de cinq pieds et demi ».

Les *Comptes des Bâtiments du Roi*[1] nous apprennent que Keller se conforma strictement à ce programme. Les cires de ses fontes furent réparées, sous la haute direction de Girardon, par les sculpteurs Pierre Mazeline, Noël Jouvenet, Bontemps, Lacour, Langlois, et surtout par Garnier, qui paraît avoir excellé dans ce délicat travail, car il reçut à maintes reprises d'amples gratifications, comme marque

---

1. *Comptes des Bâtiments,* publiés par J. Guiffrey, t. II et III.

de la haute satisfaction du roi. Parmi les œuvres innombrables qui sortirent alors des ateliers de l'Arsenal, il faut mentionner des reproductions de l'Antique : le *Laocoon,* la *Diane,* le *Bacchus,* le *Faune,* le *Commode en Hercule,* etc.; puis, parmi les ouvrages modernes, les *Fleuves* et *Rivières* et des *Groupes d'enfants* de Girardon; des *Combats d'animaux* de Van Clève et de Jacques Houzeau; le groupe du *Rhône et de la Saône* de Tuby; des *Nymphes* et des *Fleuves* de Le Hongre; des *Enfants* de Buirette et de Lespingola; des *Nymphes* de Magnier, etc. Encore les indications font-elles parfois défaut, et souvent les sommes très importantes qui sont versées à notre bronzier indiquent le nombre des statues livrées par lui, sans désignation plus précise.

La plus importante de ces fontes, celle qui mit le comble à sa réputation, la statue équestre et colossale de Louis XIV destinée à la place Vendôme, ne fut pas, toutefois, exécutée à l'Arsenal. Elle eut lieu dans le jardin du couvent des Capucines, situé dans le voisinage de l'emplacement qu'elle devait occuper. Ce long travail, qui dura d'août 1684 à mai 1691, coûta 250,000 écus, sur lesquels Keller toucha 107,894 livres comme rémunération personnelle [1].

L'achèvement de cette œuvre, magnifique et considérable à tous égards, eut un retentissement d'autant plus grand, que pour la première fois on fondait en France une statue équestre; et cependant l'envie de posséder de ces fières représentations n'avait pas manqué à nos souverains. De simples chefs de condottieri, Guattamelata à Padoue, Colleone à Venise, se montraient ainsi orgueilleusement sur les places publiques d'Italie, et les princes les plus puissants de l'Europe, les Rois Très Chrétiens étaient moins favorisés! Était-ce admissible?

1. Germain Brice, *Description de Paris,* t. Ier, p. 314. — *Comptes des Bâtiments,* etc.

François Ier, et cela était assez naturel, voulut donc, lui aussi, posséder une de ces fameuses statues équestres, dont ses prédécesseurs avaient été privés. Il s'adressa au Rustici, pensant vraisemblablement qu'aucun artiste français n'était capable de mener à bien un pareil travail. Le cheval seul fut fondu. Le roi s'en était allé de vie à trépas avant l'achèvement de l'œuvre. Catherine de Médicis, désirant honorer la mémoire de Henri II, éprouva un déboire du même genre. Elle aussi crut bien faire en recourant à un artiste italien, Daniel Ricciarelli, de Volterra. Vasari a longuement raconté[1] les difficultés auxquelles cet habile artiste se heurta, dans l'exécution du travail qui lui avait été confié. Il nous apprend, dans son précieux livre, comment il fut tout d'abord entravé par les commandes pressées que le pape Pie IV lui imposa. Il nous révèle ensuite la non-réussite d'une première fonte, que notre statuaire dut recommencer ; si bien que Daniel de Volterra mourut sans avoir mis la main au cavalier, n'ayant modelé et fondu que le cheval. Celui-ci fut néanmoins expédié en France, logé au château de Saint-Germain, et, au siècle suivant, installé au beau milieu de la place Royale, il fut complété par l'adjonction d'une statue de Louis XIII, commandée au sculpteur Biard fils, laquelle, si nous en croyons Dargenville, était plutôt médiocre[2].

Ce n'est point tout. Avant la fonte de la statue de Girardon, Paris avait vu s'élever sur son sol une autre statue équestre, également en bronze, mais colossale celle-là, et encore plus fameuse. Nous voulons parler du Henri IV qui ornait le terre-plain du Pont-Neuf, et dont les aventures n'avaient pas été moins étranges, et la venue à Paris moins accidentée. Commandé à Jean de Bologne par Marie de Médicis, le fameux *cheval de bronze* avait été expédié en France par Livourne. Le bateau qui le portait fit nau-

1. Vasari, édition Lemonnier, t. XII, p. 75.
2. Dargenville, *Promenade de Paris*, p. 263.

frage sur les côtes de Sardaigne. Le bronze fut péniblement repêché; puis, réembarqué, il faillit être pris par des corsaires algériens. Enfin, après avoir échappé à de multiples dangers, il finit par aborder au Havre, d'où il fut dirigé sur Paris. Le colossal quadrupède fut muni de son cavalier par le célèbre statuaire et médailliste Dupré, dont nous parlons plus haut. Ce fut à lui qu'on demanda la figure de Henri IV. Francheville et Bordonni furent chargés d'exécuter les groupes de captifs qui occupèrent les angles du piédestal. Boudin et Tremblay modelèrent les bas-reliefs qui garnirent les faces latérales[1].

On est moins surpris, quand on connaît les vicissitudes singulières traversées par ces grands ouvrages, de l'impression extraordinaire que produisit, à Paris, la réussite de l'énorme statue

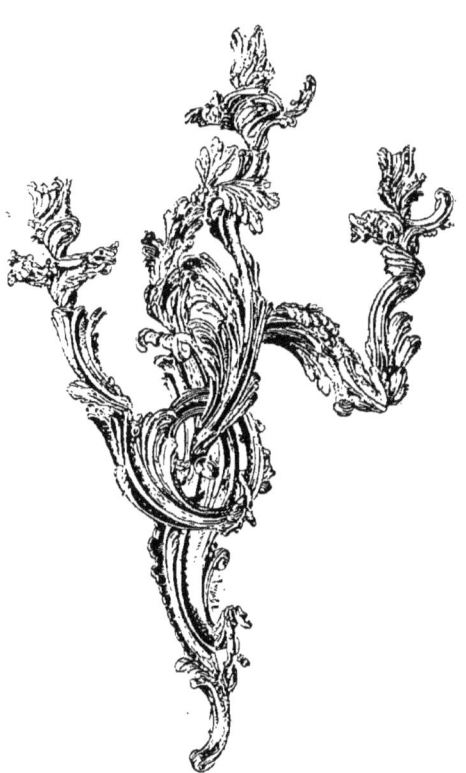

Fig. 69. — Applique en bronze doré, dessinée par Meissonnier.

---

1. Voir, au sujet de ces statues équestres : Jacques Dubreul, *Antiquités de Paris* (1639), supplément, p. 70; — Germain Brice, *Description de la ville de Paris*, t. III, 209, et IV, 179; — Anatole de Montaiglon, *Notice sur l'ancienne statue de Louis XIII*; Paris, 1896.

exécutée en collaboration par Girardon et Keller; d'autant plus que ce groupe ne fut pas exécuté, comme les précédents, en deux pièces séparées, mais d'un seul jet et d'un seul morceau.

« Dans ces bas siècles, écrit Germain Brice, on n'avoit point encore tenté un ouvrage de fonte de cette excessive grandeur, puisque la figure du roi avec celle du cheval, qui sont d'un seul jet, ont ensemble vingt pieds de hauteur, et le reste à proportion. Ce qui parut merveilleux, c'est que rien ne manqua dans l'action violente de la fonte. Tout coula si juste, et prit si à propos, même dans les parties les plus saillantes et les plus éloignées, que l'on n'eut autre chose à faire, après qu'elle eut été développée, qu'à décroûter et à réparer légèrement... Jean-Balthazar Keller est le premier homme de son temps pour ces sortes d'entreprises hardies, ajoute Brice. Il eut bien de la joie quand il trouva que rien n'avait manqué et que tout avoit réussi, ce que l'on n'osoit se promettre, à cause du volume extraordinaire de cette pièce de métal[1]. »

L'inauguration de ce monument superbe eut lieu avec une solennité spéciale. Le duc de Gesvres, gouverneur de Paris, entouré par le corps de ville, vint en grande pompe recevoir et saluer la royale statue, apothéose d'une royauté déjà sur son déclin. Le soir, un feu d'artifice fut tiré sur la Seine, et un volume remarquablement illustré consacra le souvenir de cette belle journée. C'est grâce à lui que nous connaissons la magistrale ampleur de cette œuvre colossale, et les détails de son exécution.

Cet enthousiasme général et justifié ne fit pas défaut, du reste, aux entreprises du même genre qui eurent lieu sous le règne suivant. La *Gazette de France* du 31 août 1743, enregistre, en effet, comme un événement du plus haut intérêt, la réussite de la seconde fonte — la première avait

---

1. G. Brice, *loco cit.*, t. Ier, p. 314.

manqué — de la statue de Louis XV, destinée à la ville de Bordeaux. Le Moyne, à qui l'on devait le modèle, et le fondeur Varin furent du coup rangés au premier rang des artistes de leur époque. Le même journal, à la date du 19 août 1752, entre dans de longs détails sur l'exécution du groupe rappelant le *Retour du roi à la santé*, destiné à la ville de Rennes. Le modèle de cette œuvre considérable, dont nous reparlerons dans un instant, était également de Le Moyne, mais cette fois la fonte était de Gor. Ce fut également Gor qui jeta en bronze la célèbre statue de Bouchardon, celle qui donna pendant vingt-cinq ans son nom à la place Louis XV (actuellement place de la Concorde), et à laquelle un Parisien malicieux suspendit le distique suivant :

> Ah! la belle statue! ah! le beau piédestal!
> Les vertus sont à pied, le vice est à cheval.

Les opérations finales de cette fonte célèbre furent suivies, par le Tout-Paris de l'époque, avec une émotion extraordinaire; et le souvenir de l'événement final, qui dura sept minutes, fut également consacré par les journaux et les *Mémoires* du temps, et aussi par la publication d'un in-folio superbe[1]. Ajoutons que la province n'était pas moins sensible que la capitale, à ce genre d'émotions. En 1755, lorsque la statue de Louis XV fut fondue à Lunéville par Guibal et Cyfflé, toute la ville anxieuse voulut connaître l'issue de cette entreprise, et la foule, dispersée dans la plaine, quand elle apprit que la fonte avait réussi, jeta des cris d'allégresse[2]. De ces grands et magnifiques ouvrages, toutefois, aucun ne devait survivre à la tourmente révolutionnaire[3]. Mais ils portèrent jusqu'aux confins de

---

1. Voir *Descr. des travaux qui ont précédé, accompagné et suivi la fonte de la statue équestre de Louis XV, de Bourchardon*; Paris, etc., in-folio.
2. *Mémoires du duc de Luynes*, t. XI, p. 205.
3. Par une sorte d'ironie du sort, on peut voir au Louvre (musée de la sculpture moderne) les modèles en bronze de ces diverses statues, avec des fragments des figures détruites, qui donnent une idée de leurs dimensions colossales.

l'Europe la réputation de nos statuaires. Aussi quand, en 1766, Catherine II voulut élever à Pierre Ier la statue équestre et colossale qui est un des principaux ornements de Saint-Pétersbourg, c'est à un artiste français qu'elle s'adressa, et Falconet, bien qu'il ne se fût pas encore fait spécialement connaître par des ouvrages de ce genre, fut désigné pour mener à bien cette entreprise malaisée. Étant professeur à l'Académie, notre statuaire demanda au roi la permission de s'expatrier. Celle-ci lui fut accordée pour trois années d'abord, puis pour cinq. Mais les difficultés toutes spéciales qu'il rencontra dans l'exécution de cette œuvre grandiose, retinrent Falconet pendant près de quinze ans à Saint-Pétersbourg. En partant, suivant les usages polis du temps, notre statuaire avait pris congé de ses collègues d'une façon galante et courtoise, disant, en une belle lettre, combien il regrettait d'être privé de l'appui et des conseils de l'Académie. La haute compagnie lui fit répondre par son président, que la privation de sa présence serait compensée par la gloire nouvelle que son œuvre ferait rejaillir sur l'École française[1]. Elle ne se trompait pas.

Ajoutons que, jusqu'à la fin de l'Ancien Régime, le public se montra très passionné pour ces beaux ouvrages et pour les délicates opérations qui précèdent et accompagnent leur mise au jour. — C'est ainsi qu'en octobre 1788, Houdon, excédé par les demandes que lui adressaient une infinité de personnes influentes, désireuses d'assister à la fonte de sa statue d'Apollon, établit à son domicile, rue du Roule, un service de distribution de billets, destiné à modérer l'empressement des visiteurs. Deux ans plus tard, dans une circonstance analogue, Houdon eut encore recours à ce moyen pour contenir l'affluence des curieux[2].

1. *Procès-verbaux de l'Académie de peinture*, t. VII, p. 338. *Nouvelles Archives de l'art français*, V^e année, p. 273.
2. *Journal de Paris*, 24 octobre 1788 et 20 novembre 1790.

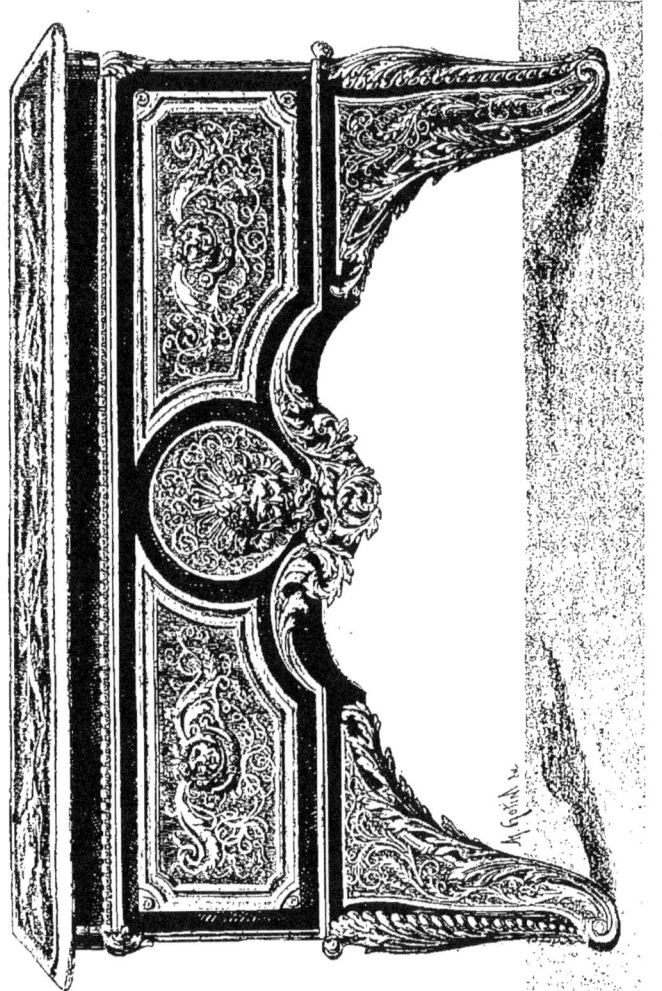

Fig. 70. — Meuble en ébénisterie enrichi de bronzes dorés, par Boulle. (Gravure tirée de l'*Ébénisterie*.)

La gloire que ces belles œuvres répandaient sur notre École — suivant le vœu de l'Académie — et la réputation européenne qu'en retiraient nos artistes, ne doivent pas nous faire oublier, toutefois, la part qui, dans ces audacieuses entreprises, revenait à nos fondeurs. Celle-ci était alors jugée si importante, que lorsqu'on eut décidé d'élever, au centre de la place Louis XV, cette statue fameuse de Bouchardon de laquelle il vient d'être question, la ville de Paris jugea indispensable de s'assurer le concours exclusif du fondeur Varin, artiste dans son genre fort expérimenté, et qui passait pour être « le seul qu'il y eût à Paris » capable d'entreprendre un pareil travail. Si bien que, Le Moyne s'étant adressé à ce même Varin pour fondre le groupe colossal qui devait être élevé à Rennes, celui-ci se vit forcé de répondre par un refus, et Le Moyne dut réclamer la coopération de Gor, fondeur de l'artillerie du roi à l'Arsenal, qui, du reste, se tira fort bien d'affaire. Cette mainmise de la municipalité parisienne sur un artisan, qu'on prétendait unique en son genre, est d'autant plus remarquable, qu'en 1753 Varin avait soixante-quinze ans, et que dix ans plus tôt, en 1743, il avait manqué la première fonte de la fameuse statue équestre commandée par la ville de Bordeaux à Le Moyne. Mais, au dire même de ce dernier, c'était « le seul fondeur dans Paris et en France, et peut-être en Europe, qui eût l'expérience de tels ouvrages[1]. » Ajoutons que, cette fois, la haute prévoyance de la municipalité parisienne se trouva en défaut. Varin mourut avant d'avoir pu mener à bien l'entreprise pour laquelle on avait monopolisé son talent. Ce fut Gor qui fondit le *Louis XV* de Bouchardon.

Nous avons dit tout à l'heure que nous reviendrions sur le groupe colossal élevé à Rennes, en souvenir du retour de

---

1. Voir le *Mémoire* présenté par Le Moyne aux états de Bretagne, *Archives de l'art français : Documents*, t. VI, p. 136.

Louis XV à la santé. Pour le critique qui prendra le soin d'écrire une histoire détaillée et sérieusement documentée des fondeurs français, le récit des faits qui précédèrent et amenèrent l'érection de ce monument, composé et modelé, nous l'avons dit, par Le Moyne et fondu par Gor, fournira des pages curieuses, prodigues en révélations piquantes. On y verra comment, du désir d'employer à la gloire du roi

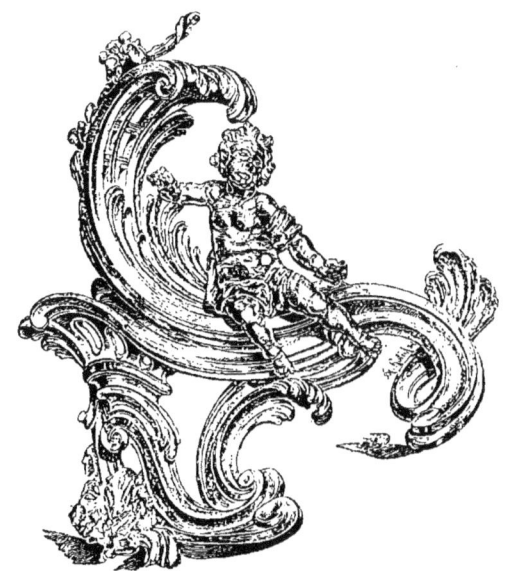

Fig. 71. — Chenet en bronze doré (style Régence).

une somme de 30,000 livres, qui dans le principe avaient été votées pour des réjouissances publiques, les états de Bretagne furent amenés, progressivement, à dépenser 439,254 livres 6 sols 1 denier.

On en pourra conclure que les dépassements de crédit, dans l'exécution des œuvres d'art, ne sont pas chose nouvelle. Toute la correspondance relative à ce fameux monument existe aux archives de Rennes. Elle est, on peut le croire, des plus instructives. Nous n'en retiendrons qu'une phrase, empruntée à un *Mémoire* du statuaire. Elle confirme l'importance que conservait, dans ces énormes travaux, l'intervention du bronzier. « L'ouvrage du sieur Le Moyne (y est-il dit par Le Moyne lui-même) a été achevé de sa part, dès qu'il a été mis en état de recevoir les préparations de la fonte. Ce qui en reste à faire n'est plus, pour ainsi dire, de son métier. C'est uniquement celui du fondeur. »

Mais c'est assez parler de ces ouvrages que l'on pourrait qualifier d'héroïques. Il ne faut pas oublier qu'autour des hommes illustres dans leur profession, dont nous venons d'admirer les travaux, Paris et la France, au xviie aussi bien qu'au xviiie siècle, possédaient un nombre respectable d'artistes émérites, auxquels les particuliers pouvaient s'adresser sans crainte, et dont l'autorité royale elle-même n'hésitait pas à mettre le talent à contribution.

En dehors des fontes exécutées par Balthazar Keller à l'Arsenal, la Surintendance des Bâtiments, en effet, fit souvent appel à l'industrie privée, et les *Comptes des Bâtiments du roi* nous révèlent les noms d'un certain nombre de fondeurs auxquels on eut recours même pour des ouvrages de premier ordre. Louis XIV n'aimait pas attendre. Il lui déplaisait de voir les terrasses de Versailles dépouillées de la parure de bronze qu'il leur avait assignée. Parmi ces fournisseurs occasionnels du Grand Roi, nous relevons les noms de Joseph Royer, de Lemoyne, de Le Doux, de Jacques, de Meusnier, de Langlois, et de ce Varin dont nous parlions à l'instant, et qui devait acquérir la réputation que l'on sait. Nous savons en outre que les sieurs Aubry, Bonvallet, Roger et Taubin, tous maîtres fondeurs parisiens, furent chargés de jeter en bronze les *Groupes d'enfants* qui ornent encore les jardins de Versailles et de Trianon. Mais le plus occupé de tous fut sans contredit Vinache (*alias* Vinasse), à qui un logement avait été accordé dans les dépendances du Palais-Royal, à l'hôtel Brion.

De ses ateliers on vit sortir, entre autres ouvrages considérables, le *Gladiateur mourant,* le *Faune* dit de la reine de Suède, la *Vénus pudique,* la *Nymphe à la coquille,* l'*Atalante,* etc., et, si nos renseignements sont exacts, le su-

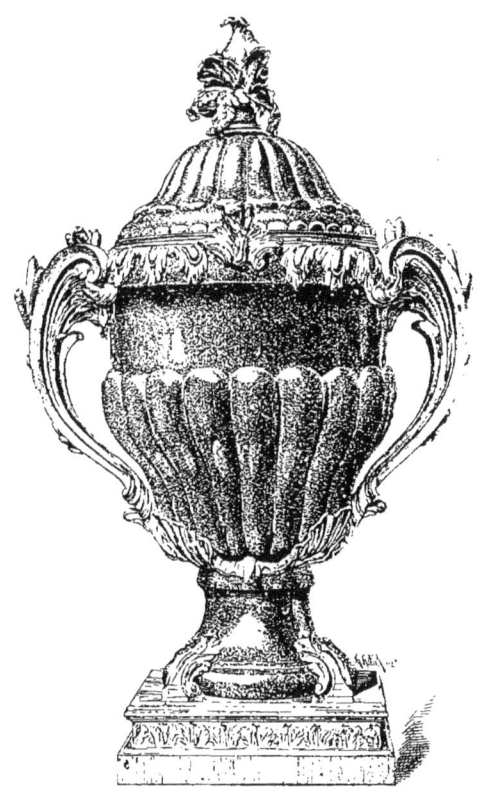

Fig. 72. — Vase monté en bronze doré, par Duplessis.

perbe *christ* en bronze que Girardon offrit à l'église Saint-Remy de Troyes, sa ville natale, et « qui passe pour un de ses meilleurs ouvrages[1] ».

Enfin, il ne faut pas oublier de mentionner, parmi les

---

1. Mariette, *Abcedario*, t. II, p. 310.

bronziers émérites au xviie siècle, Domenico Cucci [1], qui, établi aux Gobelins, à la Manufacture royale des meubles de la Couronne, fut chargé d'exécuter les boutons de porte, palâtres et entrées de serrures, crémones, espagnolettes, garnitures de meubles, etc., qu'on admirait aux Tuileries, à Versailles, à Marly, à Trianon. On peut juger, par les prix énormes qu'il recevait pour ses travaux, de l'importance et de la richesse de ses ouvrages. Concurremment avec Domenico Cucci, deux maîtres fondeurs parisiens, Pierre Le Nègre, que les *Comptes* qualifient « sculpteur et doreur en bronze », et De Vaux, travaillèrent pour les palais royaux.

On doit aussi rattacher à ces habiles artistes le célèbre Boulle, ébéniste du roi, logé au Louvre, qui le premier commença à enrichir les tables, cabinets, commodes, de ces belles appliques, de ces poignées, de ces chutes, de ces guirlandes, qui donnent une si haute valeur aux ouvrages sortis de ses mains. Boulle fit mieux encore : il exécuta pour son aristocratique clientèle des chenets, des garnitures de foyer, des lustres, des montures de vase. En 1691, il décora d'ornements de rapport, en bronze doré, les cheminées des petits appartements du duc d'Orléans au palais royal. Notre illustre ébéniste peut donc être rangé, avec De Vaux, Pierre Le Nègre et D. Cucci, parmi les précurseurs de ces admirables bronziers du xviiie siècle, dont les ouvrages, d'une facture grasse et souple, ciselés à miracle, sont restés des modèles qu'on ne saurait dépasser [2].

Parmi ces derniers artistes, une mention spéciale est due à Le Clerc, qui fondit d'admirables ornements d'église ; à Vassé, qui travailla pour la chapelle de Versailles (1732) ; à Larcher, « fort renommé pour les figures » ; à Gallien,

---

1. Domenico Cucci, que son acte de naturalisation qualifie « ouvrier en cabinets d'ébène », était né à Todi, près de Rome. Il fut naturalisé Français en 1664. (Voir Jal, *Dictionn.*; — *Nouvelles Archives de l'art français*, année 1873, p. 242 ; — *Comptes des bâtiments du roi*, etc.)

2. Voir notre monographie *les Boulle*, publiée à la Librairie de l'Art, et notre volume sur l'*Ébénisterie*.

auquel on doit, entre autres ouvrages remarquables, la superbe pendule qui ornait la cheminée du Cabinet du Conseil à Versailles (1756), à Desprez et Le Blanc, qui travaillèrent pour le roi aux Tuileries, à Choisy et au Luxembourg; à Lucas et Martin, employés plus spécialement au palais de Fontainebleau; au célèbre Philippe Caffieri et à ses trois collaborateurs Pierre-François Bottard, Louis-Barthélemy Hervieux et Georges-Alexandre Moreau fils; à Duplessis, qui eut l'honneur de donner son nom à une forme de vases; à Forestier, qui enrichit de ses bronzes superbes les beaux meubles d'Oeben et de Riesener; à Delorme, à Masquillier, au célèbre Gouthière, à Raison, à Thomire, etc.

Tous ces merveilleux artistes furent singulièrement aidés, dans l'exécution de leurs bronzes d'ameublement, non seulement par les modèles exquis dont une foule de dessinateurs spéciaux les approvisionnèrent, mais par une main-d'œuvre sans pareille, dont ils héritèrent par suite des Édits royaux proscrivant l'usage excessif de l'argenterie.

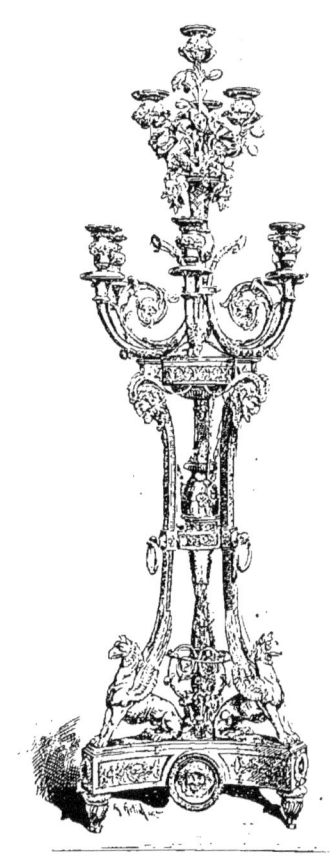

Fig. 73. — Candélabre par Gouthière.

Pendant toute la période éclatante du règne de Louis XIV, il avait été, en effet, de haut ton de posséder toutes sortes de meubles : feux, candélabres, chenets, balustres et guéridons, en argent ciselé. Le roi, à Versailles, donnait l'exemple. Les princes, les hauts magistrats du royaume, la foule des courtisans, et après eux les enrichis, se faisaient un devoir d'imiter le roi. Plus tard, quand les désastres dont fut marquée la fin du Grand Règne eurent amené la refonte de toutes ces richesses, des Édits prohibitifs en proscrivirent le retour. On ne renonça pas, pour cela, au luxe coûteux des ameublements, mais les prix excessifs qu'on attribuait antérieurement au métal furent reportés sur les façons. Désormais, pour cette société raffinée, la valeur artistique surpassa celle de la matière, et de ces délicates exigences du goût, naquirent une multitude d'objets mobiliers d'une forme heureuse, d'une décoration exquise, d'un fini incomparable, qui resteront éternellement des exemples de bonne composition et d'exécution parfaite. Jamais l'art du ciseleur, secondé par celui du doreur, ne s'était élevé à une pareille hauteur.

Avec la société nouvelle née de la Révolution, ces recherches, ces raffinements allaient progressivement s'amoindrir. Les idées se firent plus sérieuses, et le goût devint plus austère. Une génération moins prodigue, se contentant facilement des apparences, n'exigea plus ce fini, ce précieux si recherchés cinquante ans plus tôt. L'art, en outre, *s'industrialisa*. Les Thomire, héritiers du nom et du talent du fondateur de leur maison, devinrent « MM. Thomire et Cie, fabricants de bronze, boulevard Poissonnière ». Feuchère, leur émule, que le jury de 1819 qualifiait « un des artistes les plus distingués de Paris », ouvrit un magasin rue Notre-Dame-de-Nazareth. Denière et Matelin, moins pressés, attendirent le percement de la rue Vivienne pour quitter la rue d'Orléans au Marais. Ils furent précédés dans cette rue par Ledure, qui constitua la première maison considérable d'édition, et qui (disent les autorités du temps) « fit preuve de beaucoup de goût en mettant en couleur de bronze » les motifs imités de l'Antique, « la dorure ne pouvant convenir à des sujets aussi graves, rappelant des souvenirs imposants[1] ».

Quant à Ravrio, « un des hommes qui contribuèrent le plus à introduire dans les arts d'ornement le goût d'une noble simplicité, celui du style et des formes antiques », il est bien oublié aujourd'hui ; et c'est à tort. Non seulement quelques années après sa mort, des juges compétents pouvaient encore écrire que « tout ce qui sortait de sa fabrique était d'un goût excellent », mais, trente ans plus tard, ses bronzes n'avaient rien perdu de leur réputation, et nous les retrouvons cités

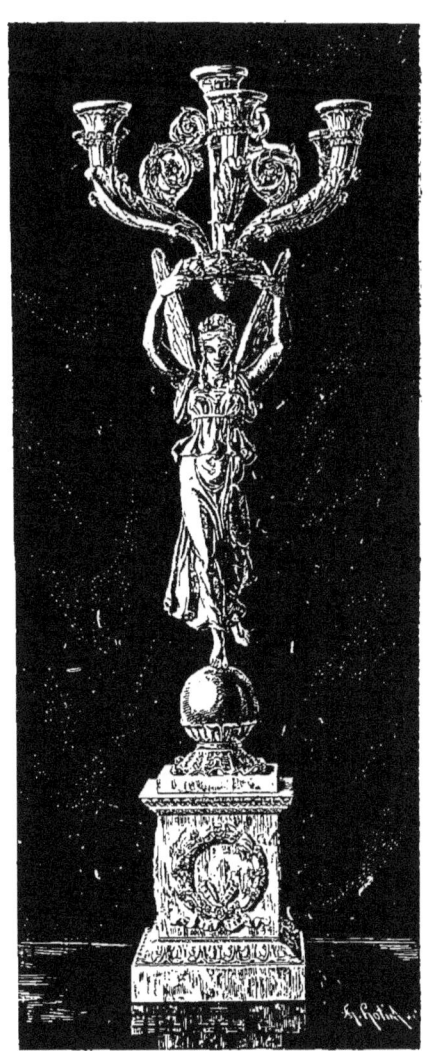

Fig. 74. — Candélabre par Thomire.

1. *Annuaire de l'industrie française et étrangère : Exposition de 1819*, t. II, p. 230.

par Balzac, comme de précieux objets, dignes d'enrichir les salons et les boudoirs les plus aristocratiques.

Ajoutons que Ravrio n'était pas seulement un bronzier de réel mérite; il était également homme de beaucoup d'esprit et de cœur. « Épicurien, ami des arts et de la chanson », « le bon et aimable Ravrio », comme l'appelaient ses amis du *Caveau moderne*[1], publia deux volumes de poésies légères, et fit représenter au Vaudeville deux pièces : la *Sorcière* et la *Maison de fous*. En outre, ayant constaté par lui-même combien la dorure au mercure était dangereuse pour les ouvriers, il s'appliqua à découvrir un autre procédé moins néfaste, et, n'ayant pu y parvenir, il institua par son testament un prix de quatre mille francs pour récompenser celui qui arriverait à résoudre ce problème.

Ce furent là, pendant cinquante ans, les fournisseurs de l'Europe; car, depuis le commencement du XVIIIe siècle, les bronzes d'art et d'ameublement étaient devenus un article exclusivement parisien. Mais l'abondance même de la production devait être fatale à son caractère artistique. Les nécessités de la concurrence amenèrent l'emploi de procédés purement industriels; et avec ces procédés la qualité de la main-d'œuvre s'atténua progressivement, jusqu'au jour où, la recherche du bon marché primant toute autre considération, on vit les « zincs d'art » essayer, sur les cheminées de la petite bourgeoisie, de se substituer aux ouvrages de bronze.

Cette industrie compromettante prit même, durant le règne de Louis-Philippe, sous la seconde République et sous le second Empire, un développement énorme, car, en 1867, le rapporteur du jury international estimait à plus de 150,000 le nombre de pendules en zinc doré que l'indus-

---

1. *L'Épicurien français, ou Dîners du Caveau moderne*, n° 112, avril 1815, p. 5. On peut voir au Louvre un portrait de Ravrio par Riesner, qui ne dément pas l'idée qu'on se fait de ce joyeux viveur.

trie parisienne livrait au monde entier[1]. Ajoutons que cette facheuse innovation eut sa contre-partie dans l'exécution des grandes œuvres de la Statuaire. On vit, en effet, vers

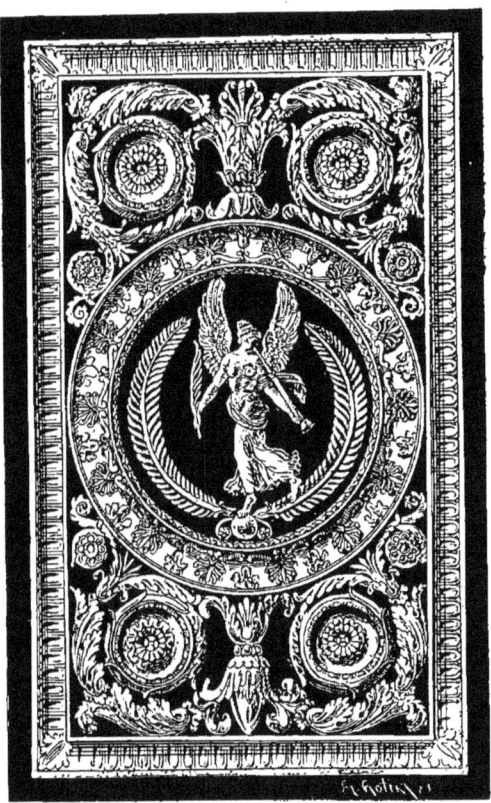

Fig. 75. — Bronzes dorés, appliqués sur panneau en acajou, par Thomire.

le même temps, sur nos places publiques, la fonte de fer prendre la place du bronze. Des monuments aux proportions considérables, élevés à Paris même : les belles fontaines de la place de la Concorde, celle de la place Lou-

1. *Rapport du jury international*, 1867, t. II

vois, dessinée par Visconti et ornée de figures modelées par Klagmann, montrent, au point de vue monumental, l'apogée d'une industrie appelée, dans ses applications courantes, à se perfectionner encore, grâce à l'habileté de Durenne, de Barbezat, de Ducel et de quelques autres.

Le bronze, cependant, devait finir par triompher des métaux inférieurs, et par reprendre, aussi bien dans les monuments publics que dans les décorations mobilières, la place qu'il avait occupée précédemment. Paris vit même, en ce siècle, s'élever sur son sol les deux monuments de bronze les plus considérables qu'on eût contemplés depuis les temps antiques. Nous voulons parler de la colonne de la place Vendôme et de celle de la Bastille. En outre, la capitale et la plupart des villes de province allaient bientôt laisser réquisitionner leurs places, carrefours, boulevards, avenues, pour qu'on y installât des statues.

La Révolution avait fait table rase de ces sortes de monuments. La Restauration, qui croyait avoir une œuvre de réparation à accomplir, donna doucement l'exemple. Elle fit appel au talent éprouvé de Bosio et de Lemot, secondés par les meilleurs fondeurs du temps, pour restituer à Henri IV l'emplacement que ce roi avait occupé jadis sur le terre-plain du Pont-Neuf, et à Louis XIV celui auquel il avait droit sur la place des Victoires. D'autres statues du Grand Roi et du galant Béarnais allèrent parer les villes de Lyon et de Nérac. Carbonneau fut chargé de fondre cette dernière. Dammerat avait fondu le monument de la place des Victoires. Plus tard, Richard, Eck et Durand soutinrent vaillamment la réputation des fondeurs français, et avec eux Calla, qui exécuta le *saint Louis* et le *Philippe-Auguste* de la place du Trône. Puis vinrent Crozatier, Victor Thiébault, Lerolle, Delafontaine, Victor Paillard et surtout Barbedienne, qui rendirent au bel art du bronzier une partie de sa perfection passée et de son ancienne faveur. Non pas qu'on vît se renouveler, grâce à eux, ces

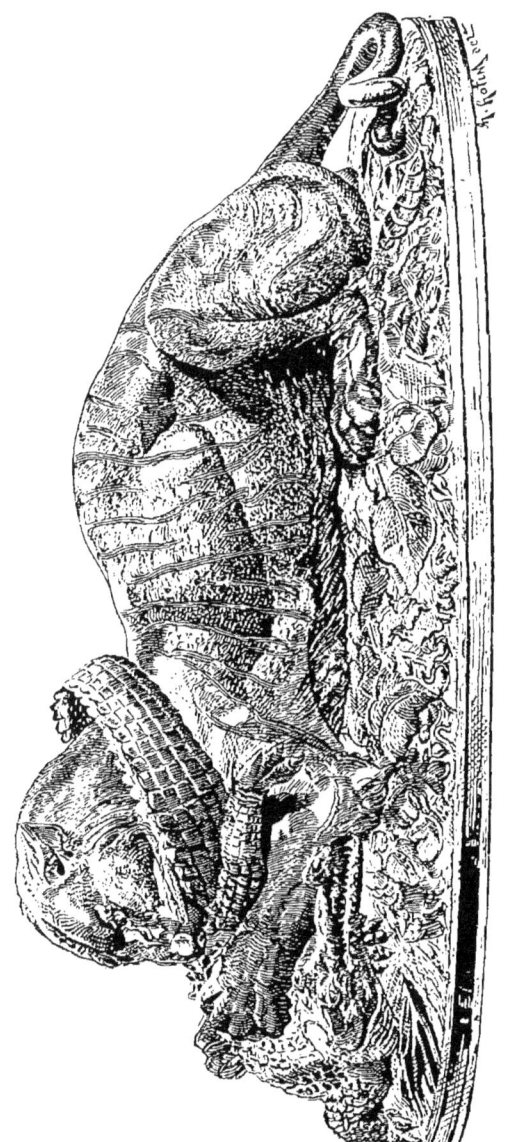

Fig. 76. — Jaguar dévorant un caïman, groupe en bronze par Barye.

entreprises, considérables à tous égards, qui, au xviie et au xviiie siècle, avaient fait tant de bruit, — aventures héroïques où statuaires et fondeurs, unis par un commun enthousiasme, abordaient les problèmes les plus difficiles et savaient les résoudre, — mais c'est à eux qu'on doit le *Molière* de Seurre, le *Génie* de Dumont, le *Ney* de Rude, la *Jeanne Darc* de Frémiet, le *Bernard Palissy* de Barrias, le *Claude Bernard* de Guillaume, l'*Etienne Marcel* d'Idrac et Marqueste, le *Lasalle* de Cordier, ainsi qu'un millier d'autres personnages plus ou moins illustres, que l'on peut contempler sur nos places publiques.

Pendant ce temps, grâce à l'ingénieux emploi des procédés de réduction d'Achille Collas, la Statuaire antique et moderne, mise à la portée de nos appartements étriqués, put pénétrer dans nos habitations, y occuper une place d'honneur et concourir, dans une large mesure, à l'éducation artistique de la bourgeoisie.

De ces fondeurs, artisans d'art émérites, mais qui imprimèrent à leur production un caractère plutôt industriel, par l'exclusif emploi de la *fonte en sable à pièces rapportées*, il convient de rapprocher un petit nombre d'artistes, comme l'illustre Barye et, dans une note moins géniale, Mène et son gendre Caïn, qui, se faisant les éditeurs de leurs propres œuvres, en surveillèrent eux-mêmes la fonte, la patine et la ciselure. Pour ses grands ouvrages exécutés en *cire perdue,* Barye eut recours à la collaboration de Gonon et de ses fils. On leur doit, entre autres, le fameux *Lion au serpent* qui orne les Tuileries. De nos jours, les frères Bingen et M. Siot-Decauville marchent sur les traces des Gonon, et nous avons dit, dans notre première partie, quels succès ils ont obtenus.

Dans un ordre plus commercial, moins hautement artistique par conséquent, il serait injuste d'omettre les noms de MM. Lemaire, Denière, Jules Graux, Collin, Morizot, Peyrol, Houdebine, Charpentier, Gruet, Lacarrière, etc.;

c'est grâce à eux, en effet, que la production des bronzes d'art et d'ameublement a pu demeurer un art presque exclusivement français. Aussi terminerons-nous ce livre en transcrivant une phrase élogieuse que nous tracions en 1878, à propos justement de leurs envois à l'Exposition du Champ de Mars : « Tous ces industriels sont d'habiles artistes, des éditeurs de goût. Ils soutiennent haut et ferme notre réputation, et prouvent par des œuvres de mérite que, dans les arts décoratifs, il n'est pas de branche secondaire. »

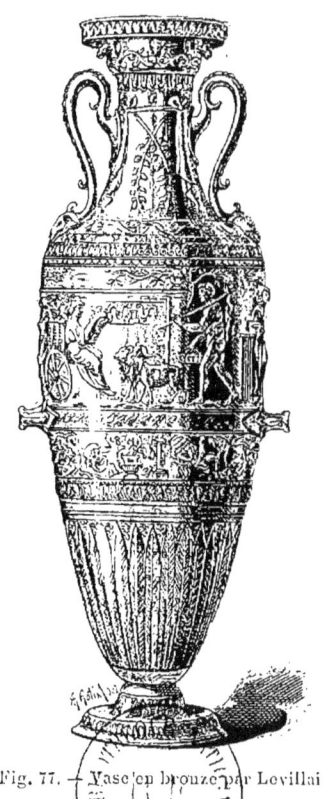

Fig. 77. — Vase en bronze par Levillain.

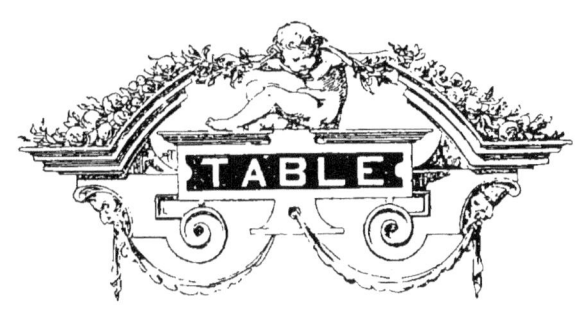

PREMIÈRE PARTIE

I. — Métallurgie du bronze	1
II. — Mise en œuvre du bronze. — Procédés divers. — La prise de la masse. — Le repoussé, l'étampage. — La fonte.	8
III. — Du modèle destiné à la fonte	14
IV. — L'atelier du fondeur	22
V. — La fonte à cire perdue	28
VI. — La fonte en sable et à pièces rapportées	37
VII. — La ciselure	45
VIII. — Le montage et l'ajustage	51
IX. — La patine	54
X. — Adaptation du bronze au mobilier	57

SECONDE PARTIE

I. — Le bronze dans l'Antiquité	65
II. — Le Moyen Age	80
III. — Le Moyen Age (suite). — Les cloches. — Leur rôle. — Leur importance. — Leur fabrication	99
IV. — La Renaissance	115
V. — Les temps modernes	129

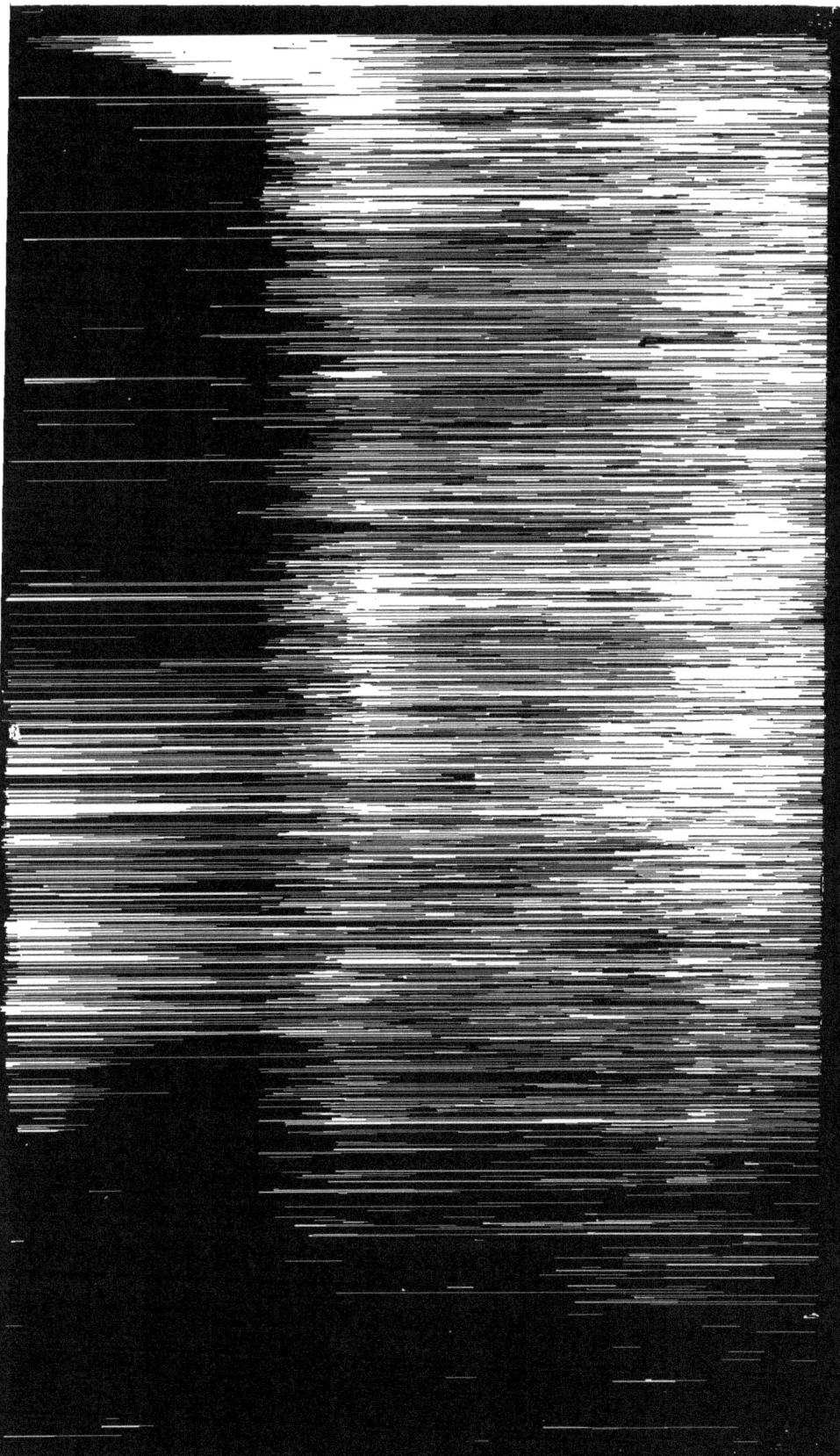

www.ingramcontent.com/pod-product-compliance
Lightning Source LLC
Chambersburg PA
CBHW050215230526
45470CB00001B/390